AF272604

BOARD N'STONES

FSC
www.fsc.org
MIX
Papier aus verantwortungsvollen Quellen
Paper from responsible sources
FSC® C105338

TAKEMIYA MASAKI

LE GO COSMIQUE

BOARD N'STONES

『誰でもカンタン！図解で分かる囲碁 AI流の打ち方』
Takemiya Masaki no uchuryu no gokui
by Takemiya Masaki

Traduit du japonais par Miyakawa Wataru.

La Deutsche Nationalbibliothek a répertorié cette publication dans la Deutsche Nationalbibliografie; les données bibliographiques détaillées peuvent être consultées sur Internet à l'adresse https://dnb.dnb.de .

ISBN 978-3-940563-84-2

Design de la couverture : Camille Lévêque
Traduction : Miyakawa Wataru
Impression : Books on Demand GmbH, Norderstedt

(smartgo)®

Les diagrammes de ce livre ont été créé avec SmartGo™: http://www.smartgo.com

AVANT-PROPOS

Jusqu'à maintenant, j'ai vécu ma vie comme je la sentais. Je n'ai qu'une seule vie, et je veux la vivre sans aucune contrainte inutile : je veux avancer franchement, comme je le sens.

Cette liberté qui nous est donnée est peut-être notre droit suprême ; c'est elle qui porte notre vie.

Le go, c'est comme la vie. On nous donne un endroit où notre liberté peut s'exprimer : le goban, avec ses trois cent soixante et une intersections. Si on se limite à jouer comme il est écrit dans les livres, ou comme l'enseignent les autres, cela n'a guère d'intérêt. Que vous soyez 1er dan ou 10e kyu, que vous soyez même débutant ayant tout juste appris les règles, cette vérité ne change jamais : le go est un univers où vous êtes, seul, le maître du jeu.

Si vous vous contentez d'imiter les livres – que vous soyez pleinement d'accord avec eux ou pas – cela ne sert à rien, strictement à rien. Apprendre par cœur les joseki, cela ne sert à rien. Imiter les coups des Meijin ou des Kisei, cela non plus ne sert à rien.

Même si on a un bon niveau, il faut jouer avec son « feeling ». C'est ça l'important. Sinon, cela n'a aucun sens de jouer une partie de go.

Alors comment peut-on jouer des bons coups, des coups qui touchent le cœur ? Une bonne façon de progresser, c'est peut être de regarder des parties de professionnels en essayant de voir le plus possible de bons coups, même sans les comprendre. Regardez plusieurs fois ces coups chez vous, tranquillement, même sans rien comprendre. Votre notion de la beauté du go naîtra et s'affinera ; et ça, c'est très important.

Une deuxième condition pour bien jouer au go, c'est d'avoir un cœur très riche, et ça aussi, c'est très important. C'est même indispensable.

En écoutant de la belle musique, on trouve que c'est beau. En regardant un bon film, on peut pleurer. C'est alors le cœur qui parle. Ce cœur très riche est indispensable pour faire des progrès au go.

Et si vous pensez que j'exagère, lisez bien tranquillement les commentaires des parties dans ce livre.

En pratique, j'ai écrit ce livre à partir des leçons de go que j'ai données durant deux mois sur la chaîne de télévision N.H.K.. Mais ce n'est pas un livre purement technique ; au contraire, je répète à chaque pas qu'il faut avoir beaucoup de cœur, qu'on doit essayer de rêver,... bref, des choses qu'on ne dit pas dans les autres livres sur le go.

Il y a peut-être des joueurs qui s'en étonnent. Cependant, je pense que c'est vraiment le plus important.

Si vous êtes heureux ou malheureux simplement parce que vous avez gagné ou perdu une partie, c'est bien triste pour vous et cela ne vous fera jamais progresser.

Nous avons rencontré un jeu extraordinaire, qui s'appelle le jeu de go. Au cours des pages qui suivent, je vais essayer de vous aider à passer une nouvelle étape dans cet univers.

Takemiya Masaki

SOMMAIRE

Chapitre 1

LA NAISSANCE DU STYLE COSMIQUE

Souvent des joueurs me demandent : « Comment peut-on faire des progrès au go ? »

C'est tout ce qu'ils veulent savoir. Je leur réponds toujours : « Il faut jouer là où vous en avez envie, il faut avoir un cœur riche et humain et il faut regarder le goban avec des yeux purs. »

Le jeu de go est un jeu libre. Pourtant, jouez-vous vraiment des coups qui vous plaisent ?

Si vous ne jouez pas comme il est écrit dans les livres, peut être avez-vous peur qu'on se moque de vous ? Avec de tels soucis, vous vous mettez vous-même sous pression et vous ne pouvez pas jouer de bonnes parties.

Le go et la vie, c'est la même chose. Ce qui est le plus important, c'est le cœur.

Vous avez rencontré ce jeu extraordinaire qu'on appelle go. Amusez-vous donc en jouant librement, en essayant de regarder le goban avec un cœur pur et humain.

1ère partie : GAGNER EN COMBATTANT

Partie jouée en 1960, à 5 pierres de handicap, entre Takemiya Masaki, âgé de neuf ans, Noir, et Tanaka Minaichi, alors 5e dan professionnel, Blanc.

« Il ne faut pas chercher à faire du territoire. »

Quand j'ai dit cette phrase à un amateur qui voulait devenir fort, il a ouvert de grands yeux en rigolant ! C'est tout à fait normal. En effet, le jeu de go est un jeu de territoire : si vous n'avez pas de territoire, vous ne pouvez pas battre votre adversaire préféré. Pourtant, ce que je vous demande de retenir avant tout, c'est que le jeu de go n'est pas simplement un jeu de territoire, mais qu'il est d'abord un jeu de combat et d'équilibre.

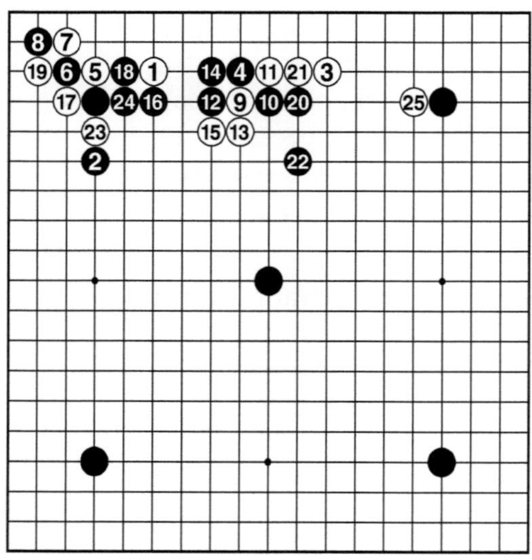

Fig. 1 Coups 1 à 25

« Le go, c'est comme la vie. » J'aime bien citer cette phrase. Ne vous est-il pas arrivé de perdre des parties en cherchant trop d'argent, c'est-à-dire du territoire, et en perdant la vie, c'est-à-dire la forme de vos pierres ?

Le territoire est quelque chose qui doit être obtenu naturellement par le résultat de l'équilibre et du combat contre l'adversaire. Si vous pensez au territoire dès le début de la partie, vous n'arriverez jamais à jouer une belle partie de go.

Je sens la beauté dans la forme des pierres qui se dirigent vers le centre. Et j'aime l'émotion que la beauté suscite en moi.

Souvent on appelle mon style « le style cosmique de Takemiya ». Mais, pour moi, c'est le style naturel car je joue simplement des coups qui me plaisent.

Peut-être cette introduction est-elle trop longue. Je voudrais vous montrer tout d'abord la partie que j'ai jouée pour la première fois contre Maître Tanaka, en septembre 1960, quand j'avais neuf ans. C'est une partie mémorable, à cinq pierres de handicap.

De neuf à treize ans, j'ai joué quatre-vingt-dix parties avec Maître Tanaka Minaichi (7e dan professionnel aujourd'hui décédé).

Son influence sur mon style a été énorme. Sans cesse il me répétait : « oublie le territoire, gagne en combattant ». Dès que je cherchais à faire du territoire, il était mécontent.

Figure 1 — Diagramme 1

À cette époque, j'avais bon moral mais un style « patate ». Jusqu'à l'invasion courageuse de Noir 4, tout va bien. Mais comme Noir ne connaît pas les tesuji, Blanc en profite tout de suite, jusqu'au coup 19.

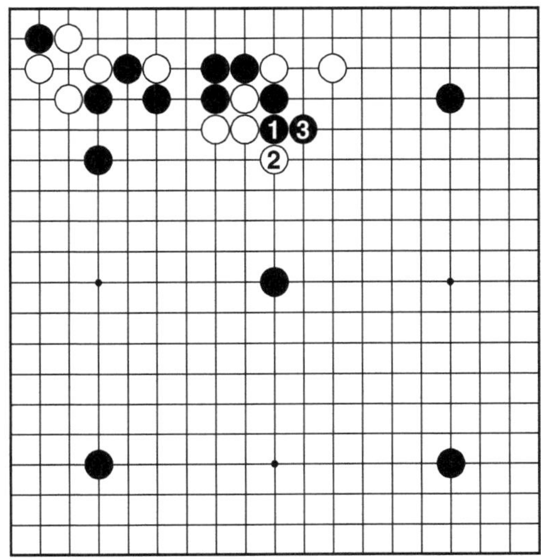

Diag. 1

Pourtant, le garçon de 9 ans que j'étais alors ne perd pas le moral. Il essaye de combattre avec le coup 20, en s'appuyant sur sa pierre 10.

Il faut noter, cependant, que ce coup n'est pas tesuji. Malgré l'angle vide qu'ils créent, les coups noirs 1 et 3 du diagramme 1 sont meilleurs.

Figure 2

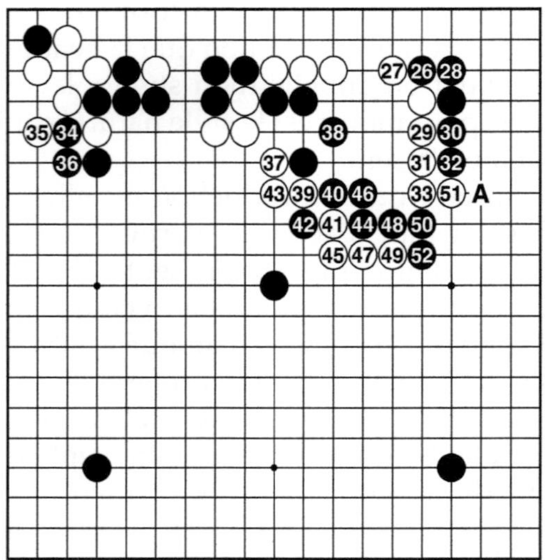

Fig. 2 Coups 26 à 52

Cela fait bien longtemps que je n'avais revu cette partie. Je la trouve aujourd'hui horrible : elle est truffée de coups « patate » et aussi d'erreurs de direction.

Noir 32 : jouer en A serait plus élégant, mais ce genre d'erreur n'est pas grave. Dans cette figure, le coup le plus mauvais est le coup 34. Il fallait, bien sûr, jouer 34 en 37. À ce stade de la partie, le plus important est le combat sur le bord : pour ce faire, il est évident qu'il faut renforcer les trois pierres de coupe en jouant le coup noir 34 en 37.

« J'ai du mal à bien lire les séquences », déclarent souvent les amateurs. Mais moi, je dis qu'une lecture minutieuse d'une longue séquence n'est pas du tout nécessaire pour bien jouer au go. L'important n'est pas de bien lire les séquences compliquées, mais de « sentir » les coups : c'est par l'intuition que l'on doit sentir la bonne forme des pierres, le mouvement de la partie ; et cela est décisif.

Il semble pourtant que ce garçon n'avait confiance qu'en sa capacité de lecture. Malgré l'attaque de Blanc (le coup 37, au point vital, et le double hane 39–41) il réussit à sauver le groupe noir. Mais pour cela il est forcé de jouer le coup horrible 48 qui fait un angle vide. J'étais encore un apprenti.

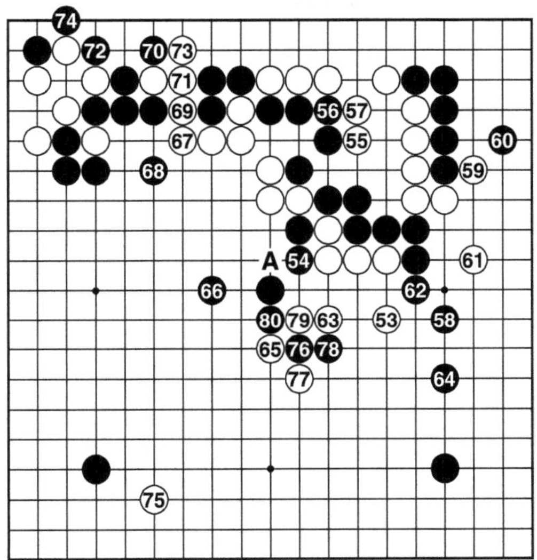

Fig. 3 Coups 53 à 80

Figure 3

Le garçon que j'étais a un style « patate », mais on voit bien qu'il joue les coups comme il les sent. Blanc 53 de Maître Tanaka est un peu abusif : le coup correct serait en A. Peut-être le Maître voulait-il tester la force de cet enfant ?

Noir 54 : ce coup a sûrement été joué sans aucune hésitation. Le Maître, qui flattait rarement, a dit que c'était un bon coup. Si on pense que le go est un jeu de territoire, on peut trouver pour ce coup d'autres endroits qui paraissent plus intéressants. Mais moi, j'ai trouvé beau ce coup noir 54 qui cherche le combat. Il semble bien que ce garçon regardait le goban avec un très bon sens global. Grâce au coup 54, on peut lui pardonner ses erreurs.

Noir 68 est une erreur de lecture : il est pénible de laisser tomber les trois pierres noires du bord qui, une fois prises, permettent à Blanc de sauver son groupe ; mais ce n'est pas du tout le même genre d'erreur que Noir 34.

Comme le coup 54, Noir 76 a sûrement été joué sans aucune hésitation : en attaquant le groupe blanc du centre, ce garçon a vraiment « la pêche ». Il faut noter cependant que Noir 78 serait plus sévère en 79. Apparemment, ce garçon avait même trop « la pêche », car il n'a pu se contrôler.

Figure 4

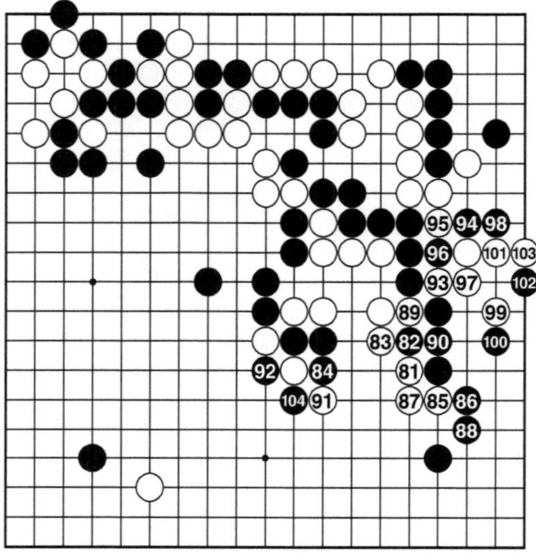

Fig. 4 Coups 81 à 104

« Au go, chacun joue à son tour et on ne joue donc qu'une seule pierre à la fois ; en fin de partie, l'efficacité d'une pierre est le territoire auquel cette pierre donne naissance ; par conséquent, il n'est pas du tout efficace, en milieu de partie, de jouer un coup simplement pour faire du territoire ou pour en ôter à l'adversaire. » Le Maître aimait à répéter cette phrase.

Bien que cette partie soit la première jouée contre le Maître, Noir joue exactement selon le souhait du Maître : c'est en provoquant le combat que Noir cherche à gagner la partie.

Mais comme Noir attaque très violemment, il provoque l'élégant tesuji 85–87, et le groupe noir est pris après le coup 93. Peu importe que Noir ait manqué son attaque ! Ce qui serait grave, au go, ce serait de perdre l'essentiel, c'est-à-dire la forme des pierres et la direction du jeu.

Diagramme 2

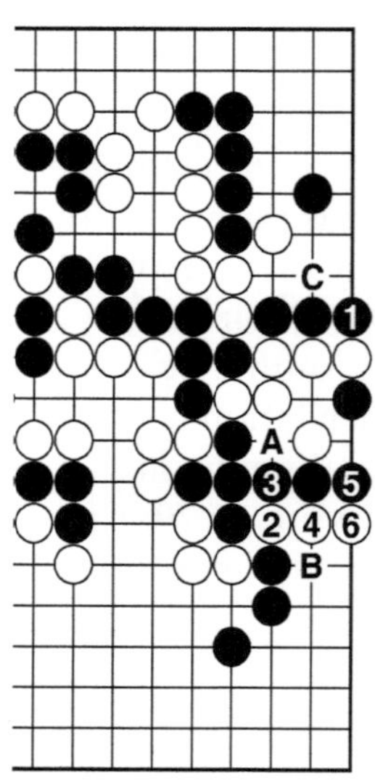

Diag. 2

Apparemment, ce garçon n'arrivait pas à lire le semeai. Après Blanc 103, si Noir joue en A du diagramme 2, Blanc capture cinq pierres noires avec 2. Si Noir joue 1 du diagramme au lieu de A, Blanc coupe en 2. Dans tous les cas, Noir ne peut pas jouer en A. Après Blanc 6, si Noir joue en B, Blanc joue en C.

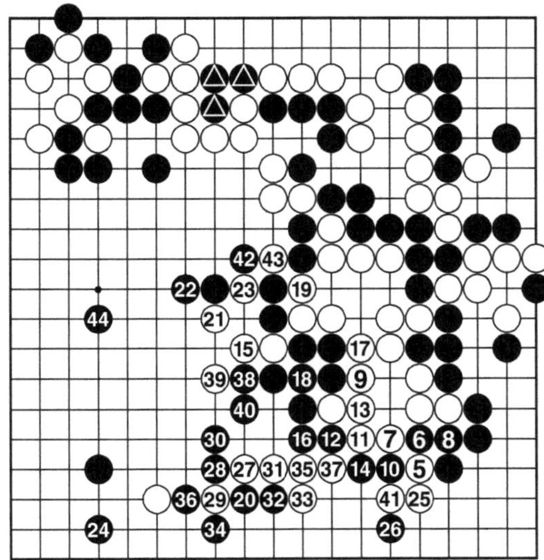

Fig. 5 Coups 105 à 144 (notés 5 à 44)

Figure 5

Noir a perdu les trois pierres ▲ et son groupe du centre. Mais il a toujours « la pêche » et il résiste avec le hanekomi 6. Le coup 16 est très gentil. Je vous montre, sur le diagramme 3, le coup « diabolique » que Noir n'a pas vu.

Noir 22 est une erreur. Il n'a pas vu les tesuji 23 et 43. Malgré cela, il n'est pas en retard dans la partie.

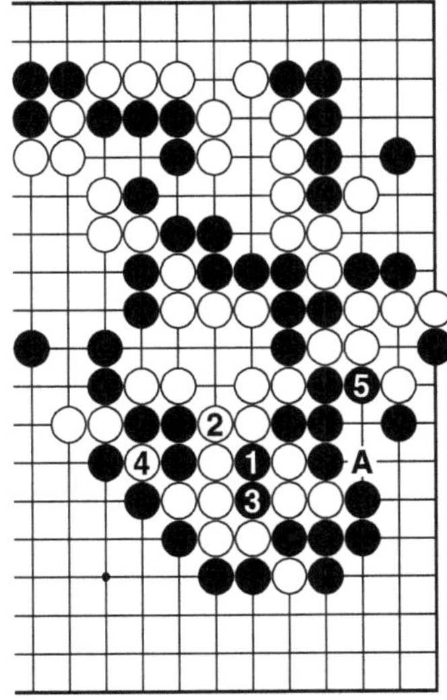

Diag. 3

Diagramme 3

Si Noir avait joué le horikomi 1 de ce diagramme, il aurait crié « Banzaï ».

Après ce coup, si Blanc joue en 3, Noir fait atari en 2. Blanc n'a donc qu'une seule possibilité : il doit jouer en 2. Noir prend alors trois pierres, et il peut capturer le groupe blanc en jouant en 5, car la coupe en A ne marche plus.

C'est un tesuji difficile, mais ce genre de coup peut être joué par n'importe qui, pour peu qu'il étudie les tesuji. Le go, ce n'est pas la lecture avant tout, mais c'est d'abord le « feeling ». Mieux vaut apprendre en priorité ce qu'est une belle forme.

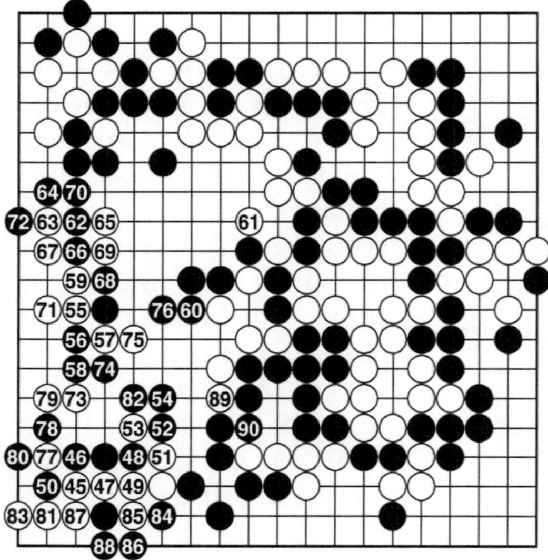

Fig. 6 Coups 145 à 190
(notés 45 à 90)

Figure 6

Heureusement pour lui, Noir a pu jouer le coup 60 en sente sur le bord gauche. Blanc ne peut pas résister. C'est vraiment une partie de combat, mais un combat sans élégance, même si, apparemment, Noir a confiance en sa lecture.

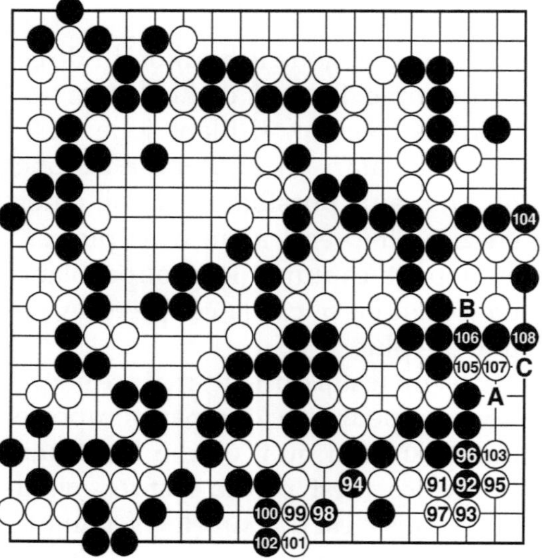

Fig. 7 Coups 191 à 208
(notés 91 à 108)

Figure 7

Face aux coups notés 91 et 93, Noir répond en 94 et il réussit à capturer sept pierres blanches. Après Noir 108, Blanc abandonne. Vérifiez bien que le groupe noir est vivant : si Blanc joue en A, Noir capture le groupe blanc en B ; si Blanc joue d'abord en C, Noir prend les trois pierres blanches en A.

Dans cette première partie, on ne voit guère que des combats et des mauvais choix de direction. Cependant, le Maître était satisfait de son élève.

Nous avons joué en tout quatre-vingt-dix parties (des parties à cinq pierres de handicap jusqu'à des parties à sen) ; j'en ai gagné quarante-trois et perdu trente-sept ; deux fois nous avons fait jigo et six fois nous n'avons pas terminé la partie. La plupart des parties se sont terminées par abandon, ce qui prouve bien que nos parties étaient des parties de combat.

Encore aujourd'hui, la leçon du Maître « gagner en combattant » est la base de mon style. En effet, le « style cosmique de Takemiya », qui ne vise pas d'abord à faire du territoire, résulte essentiellement de cette leçon. En revoyant cette partie jouée il y a plus de trente ans, je constate que déjà je sentais cela très fortement. L'enfant que j'étais alors jouait les coups comme il les sentait, sans autre but que le combat. Peut-être mon regard sur le goban était-il plus pur qu'aujourd'hui ?

Résultat : Noir gagne par abandon.

2e partie : L'ORIGINE DU STYLE COSMIQUE

Partie à égalité jouée en 1969 entre
Takemiya Masaki, alors 5e dan professionnel, Noir, et
Hashimoto Shoji, 9e dan professionnel, Blanc.

Au lieu de « style cosmique », je préfère, quant à moi, parler de « style naturel ». Comme je n'aime pas me laisser enfermer, mes pierres se dirigent naturellement vers le centre... et si on regarde bien, on voit se dessiner un gros moyo au centre. C'est ce qui se passe très souvent.

Je vous montre ici la partie que j'ai jouée contre Maître Hashimoto Shoji et qui a donné naissance au style cosmique.

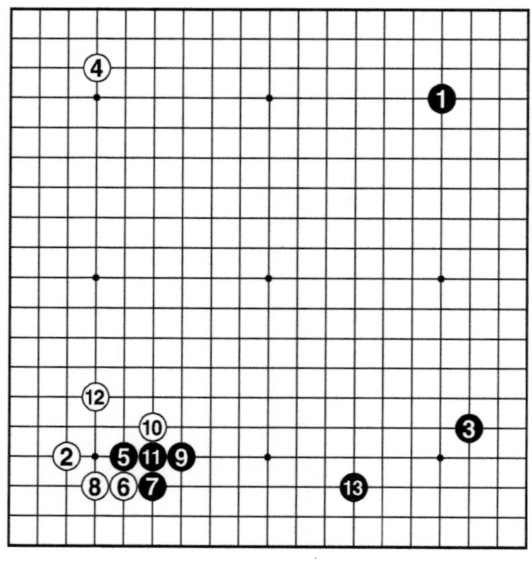

Fig. 1 Coups 1 à 13

Figure 1

Le coup 13 est le coup dont je suis fier.

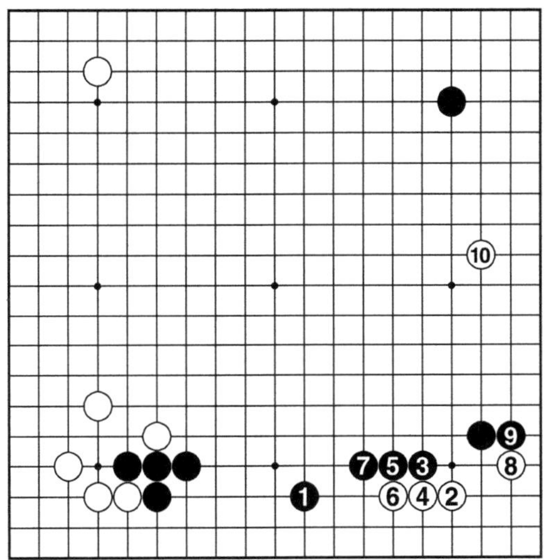

Diag. 1

Diagramme 1

Selon le sens commun (selon le joseki), on joue en 1. Mais Noir n'a pas de bonne réponse au kakari 2. Même s'il enferme la pierre 2 avec les coups 3 et 9, Blanc a un coup très intéressant : le wariuchi 10.

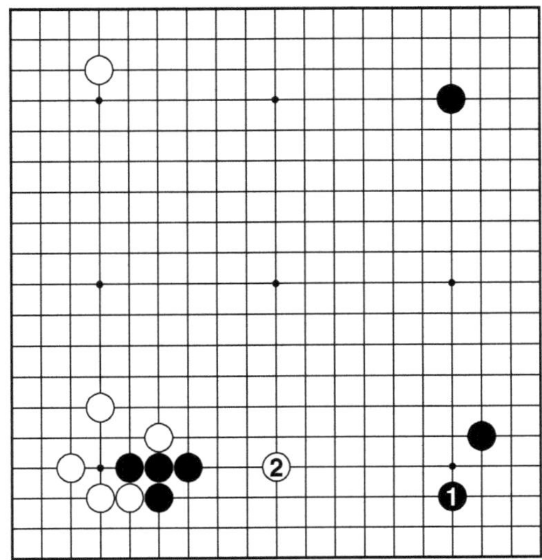

Diag. 2

Diagramme 2

Le shimari 1 de ce diagramme est une autre possibilité. Mais, avec 2, Blanc va attaquer les quatre pierres noires du sud-ouest. Par ailleurs, jouer directement en 5 du diagramme 1, au lieu de Noir 1 ici, paraît ambigu.

Après tous ces raisonnements est née l'idée du coup 13 de la partie. Qu'en pensez-vous ? Bien que j'en sois fier, je trouve qu'on ne lit pas grand chose, n'est-ce pas ? Oui, le go, c'est le « feeling », pas la lecture.

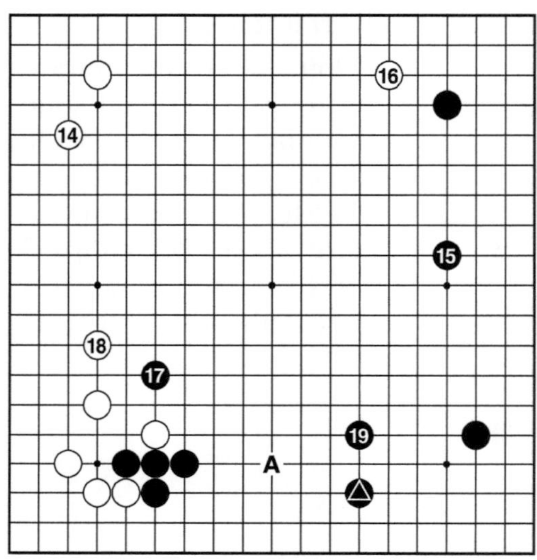

Fig. 2 Coups 14 à 19

Figure 2

En voyant la position de la pierre ▲, on peut craindre, peut-être, l'invasion de Blanc en A (voir le diagramme 3).

Avec les coups 17 et 19, un gros moyo est né. Il va du bord droit au bord inférieur.

Pour éviter cela, Blanc aurait pu jouer 14 en 1 du diagramme 4 (ci-contre).

Blanc 16 aurait pu être joué en 17 (diagramme 5).

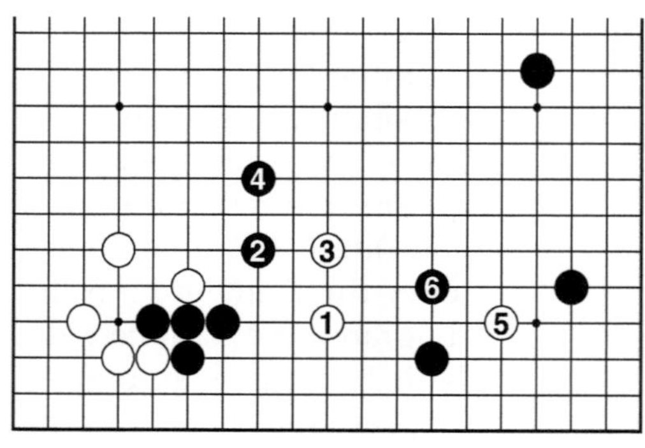

Diag. 3

Diagramme 3

Moi je suis content de sortir vers le centre avec les coups 2 et 4. Si Blanc envahit ensuite en 5, j'attaque ses deux groupes en les séparant avec 6.

Que pensez-vous de cette idée ? Blanc est en difficulté, ne croyez-vous pas ?

Comme vous pensez à l'argent (le territoire), vous avez peur de l'invasion 1. Il est vrai que dans le diagramme 3 Blanc réussit à envahir le bord du bas, mais il risque de perdre la vie (la forme des pierres). Pour passer une vie (une partie) intéressante, il doit y avoir quelque chose de plus important que l'argent (le territoire). Si on ne pense qu'aux intérêts immédiats, on perd la vie. En effet, la vie et le go sont la même chose.

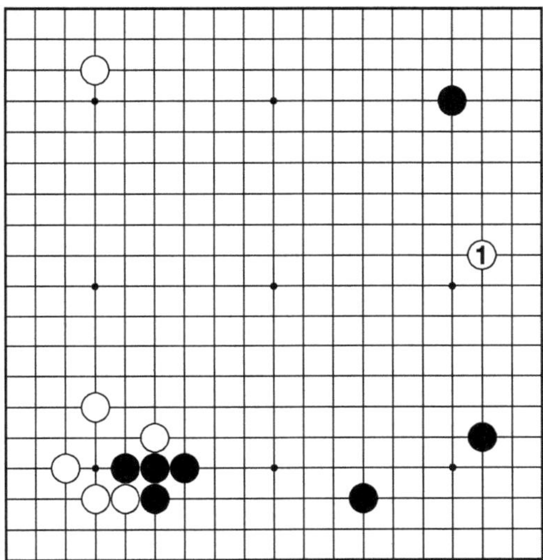

Diag. 4

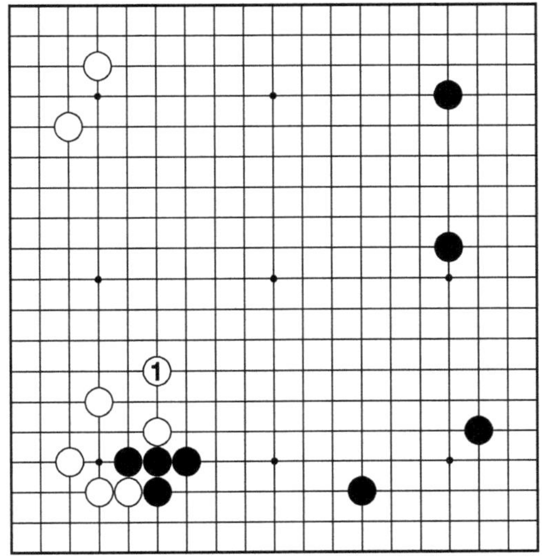

Diag. 5

Diagramme 5

Blanc 16 en 1 du diagramme 5 est aussi possible. Mais les coups blancs 14 et 16 de la partie (figure 2) illustrent le style très territorial de Maître Hashimoto. Et, forcément, je fais un gros moyo.

Certaines personnes se demandent peut-être pourquoi Noir n'a pas développé son moyo en jouant son coup 19 en 1 du diagramme 6...

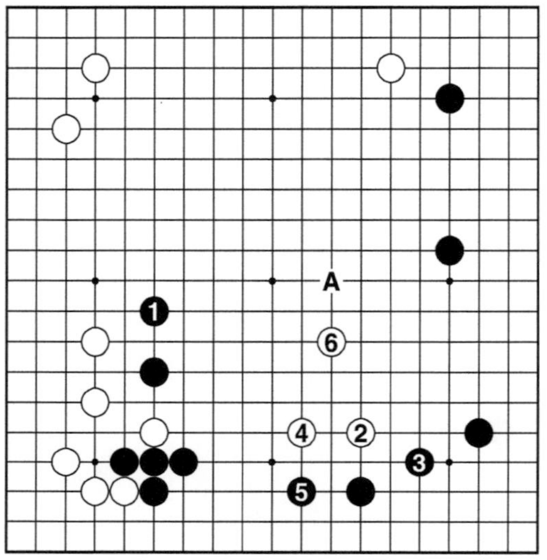

Diag. 6

Diagramme 6

C'est vrai que le coup en 1 est joué sur un point intéressant. Mais Blanc viendra envahir en 2 et Noir répondra en 3. C'est alors Blanc qui prend la bonne forme avec 4 et 6. Blanc a-t-il maintenant un groupe attaquable ? Si vous pensez pouvoir l'attaquer avec le boshi en A, vous n'avez qu'à essayer. Peut-être êtes-vous plus dynamique que moi ? Au go, vous devez jouer là où vous en avez envie.

Quant à moi, je trouvais que le moyo était suffisamment grand avec mon coup 19.

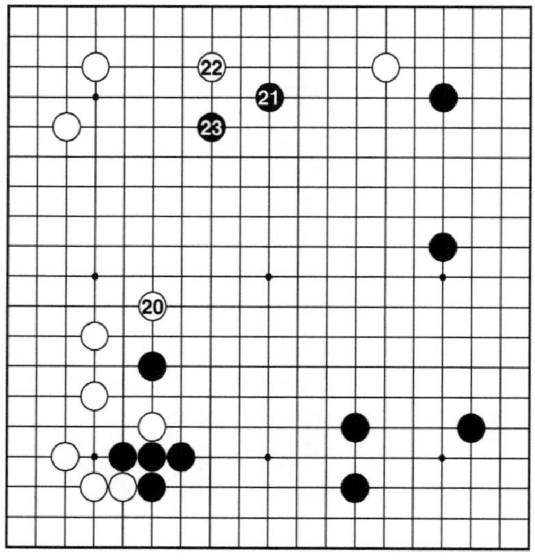

Fig. 3 Coups 20 à 23

Figure 3

Maintenant, le coup blanc 20 est inévitable. J'ai joué ensuite le hasami 21. Que pensez-vous de ce coup ?

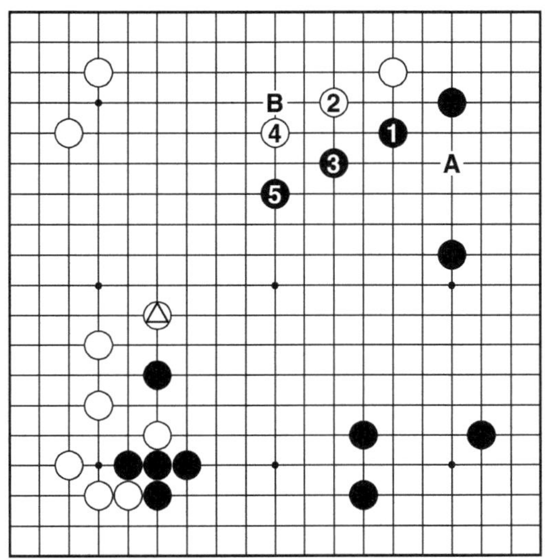

Diag. 7

Diagramme 7

Ceux qui pensent à jouer le keima 1 de ce diagramme au lieu du coup 21 ont un bon sens du jeu. Face à Blanc 2, Noir prend le pouvoir au centre avec les coups 3 et 5. Ce n'est pas mal du tout.

Par contre, ceux qui pensaient répondre en A doivent faire attention. Si Blanc prend le point B, le coup ◬ devient un coup magnifique.

Ici aussi, le problème n'est pas celui de la lecture, mais celui du « feeling ».

D'une certaine manière, on peut dire que le jeu de go est simple : si on ne sait pas quel coup jouer, il vaux mieux se demander d'abord quel esprit il faut avoir, au lieu de se demander où il faut jouer. Cela permet alors d'en déduire un bon coup.

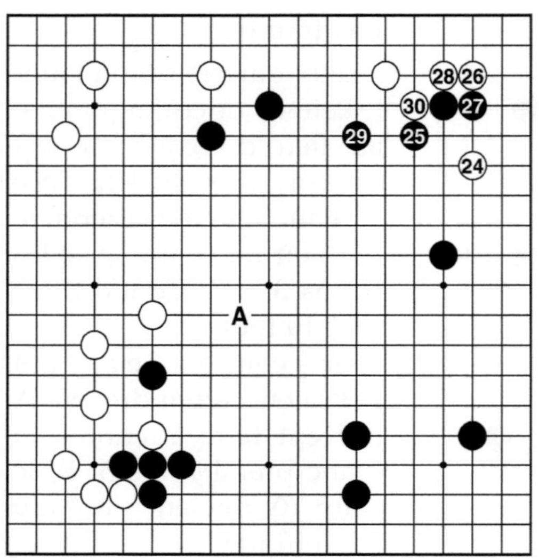

Diag. 2

Figure 4

Si je vous dis que Blanc 24 était un mauvais coup qui a fait prendre à Blanc du retard dans la partie, vous seriez étonné, non ? Voyez les diagrammes 8 et 9 ci-après.

Le kosumi 25 est un coup simple et bon. Blanc joue au san-san avec le coup 26 ; après les réponses noires en 27 et 29, on voit tout à coup le gros moyo devenir plus concret.

Blanc 30 est le coup perdant. Il doit être joué aux alentours de A, ce qui effacerait le moyo.

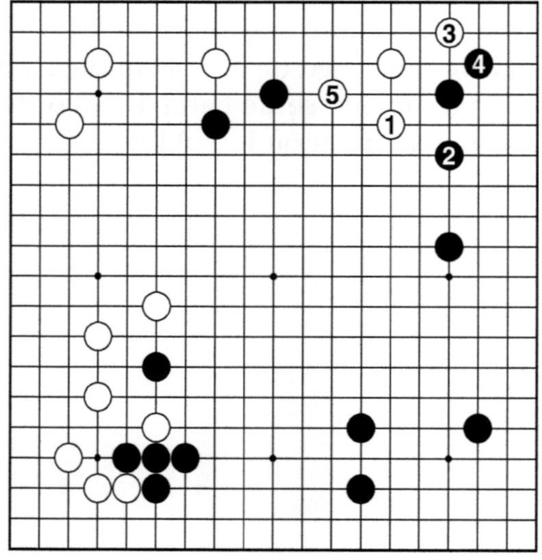

Diag. 8

Diagramme 8

Au lieu de jouer le coup 24 de la partie (figure 4), Blanc aurait dû jouer en 1, 3 et 5 de ce diagramme.

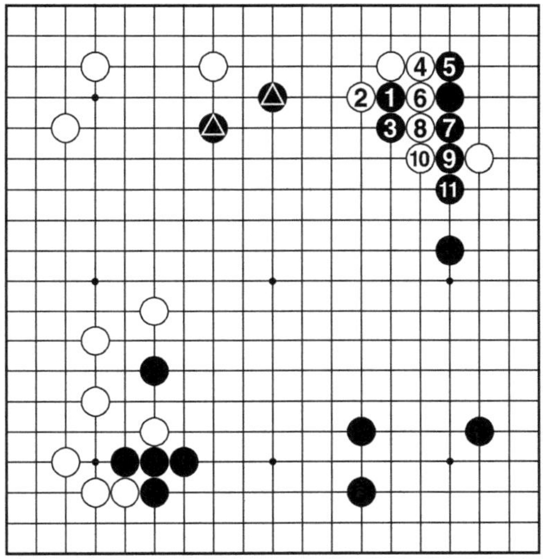

Diag. 9

Diagramme 9

Face au coup 24 de la partie (figure 4), il est inutile d'utiliser la technique 1-3. Peut-être Blanc jouerait-il de 6 à 10 ? Dans les manuels de joseki, on dit que la position de Noir est alors meilleure. Les gens qui pensent cela sont de gros travailleurs ; quel dommage ! Ils sont trop pris par leurs connaissances et ils n'ont pas le sens global.

C'est vrai que le territoire noir jusqu'à 11 est gros, mais les deux pierres noires ▲ seront attaquées et le gros moyo noir sera effacé facilement. Vous ne devez pas croire tout ce qui est écrit dans les livres. Les indications qui s'y trouvent ne sont que des connaissances générales. Comme les situations globales ne sont jamais identiques, chacun doit trouver en lui-même le bon coup. Il est aberrant d'apprendre simplement par cœur des joseki.

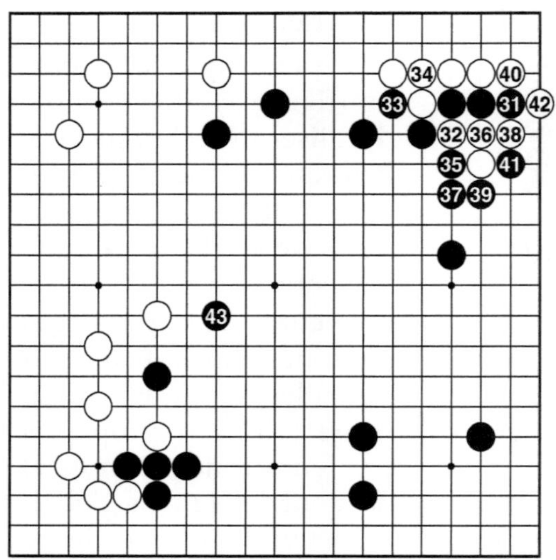

Fig. 5 Coups 31 à 43

Figure 5

Le sagari 31 est le coup décisif. C'est une stratégie de sacrifice (voir la variante dans le diagramme 10).

Après le sacrifice du coin, Noir prend un le point très important avec le coup 43. La partie est quasiment finie.

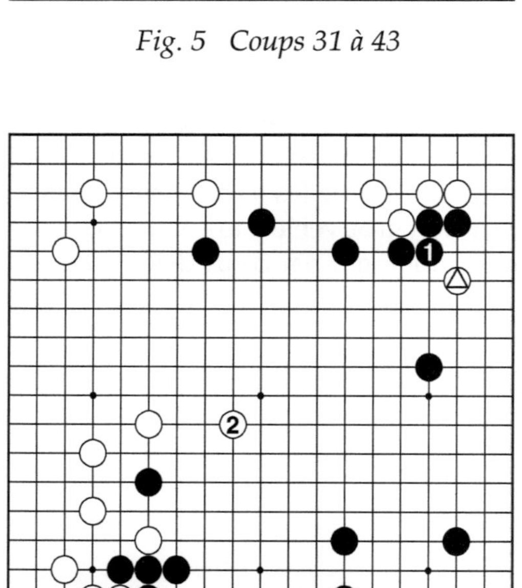

Diag. 10

Diagramme 10

Si on ne veut pas sacrifier les pierres, on connecte en 1 (mais on ne sent pas la beauté de cette forme). La pierre △ n'est pas encore morte, mais, surtout, je ne suis pas content que ce soit Blanc qui joue en premier au centre, avec le coup 2.

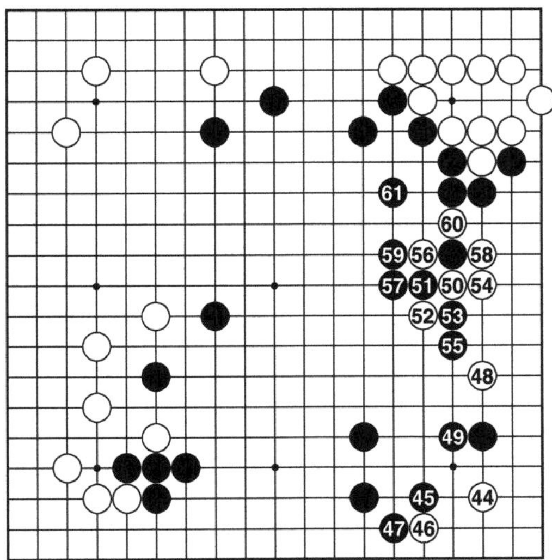

Fig. 6 Coups 44 à 61

Figure 6

Face au coup blanc 44 (yosu-miru), qui vise à renverser la situation, Noir répond simplement en 45. Noir n'a pas besoin de chercher des choses compliquées.

Même face aux coups blancs 50 et 52, qui visent à vivre dans le moyo noir, Noir n'a pas besoin de tuer. Il lui suffit de bloquer l'accès de Blanc au centre et de le laisser vivre petitement.

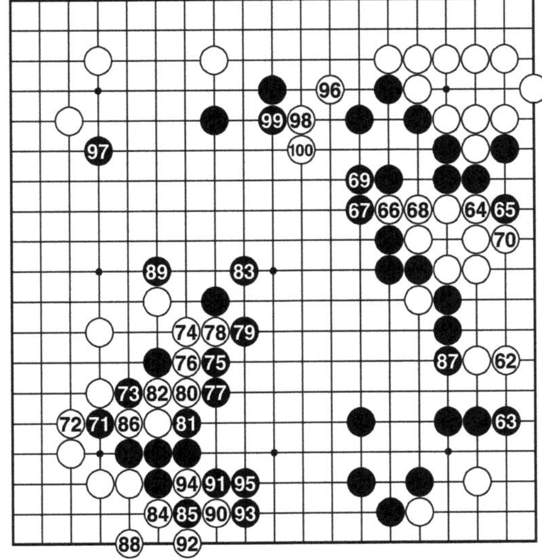

Fig. 7 Coups 62 à 100

Figure 7

Maintenant, on voit clairement que le moyo noir au centre s'est transformé en territoire.

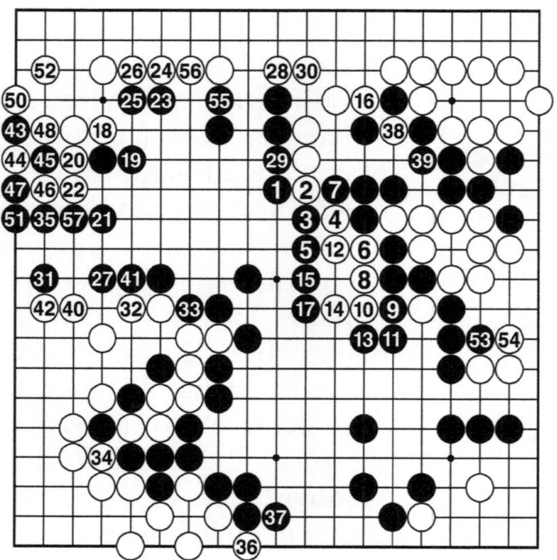

Fig. 8 Coups 101 à 157 (notés 1 à 57) Coup 49 joué en 44

Figure 8

L'immense territoire noir construit au centre fait maintenant plus de 100 points. Blanc est très en retard dans la partie et, après le coup noir 157, il abandonne.

À chacun ses goûts. Certains aiment prendre des territoires un peu partout et jouer solidement. D'autres ne pensent qu'à gagner.

Dans mon cas, le goban est un endroit où je décris mon rêve...

Résultat : Noir gagne par abandon.

3e partie : L'ART DE L'ATTAQUE

Partie à égalité jouée en 1974, entre
Takemiya Masaki, 7e dan professionnel, Noir, et
Kato Masao, 8e dan professionnel, Blanc.

Si vous faites un moyo, votre adversaire viendra normalement l'envahir. Ce qui est alors requis, c'est la force dans l'attaque. Cependant, de nombreux joueurs ont mal compris ce qu'est l'attaque ! Ils confondent « attaquer » et « tuer » et ils essaient de prendre à tout prix les pierres de l'adversaire. Et s'ils n'y arrivent pas, c'est la fin... Triste fin, ne trouvez-vous pas ? Ne confondez pas « attaquer » et « tuer » ; apprenez l'art de l'attaque.

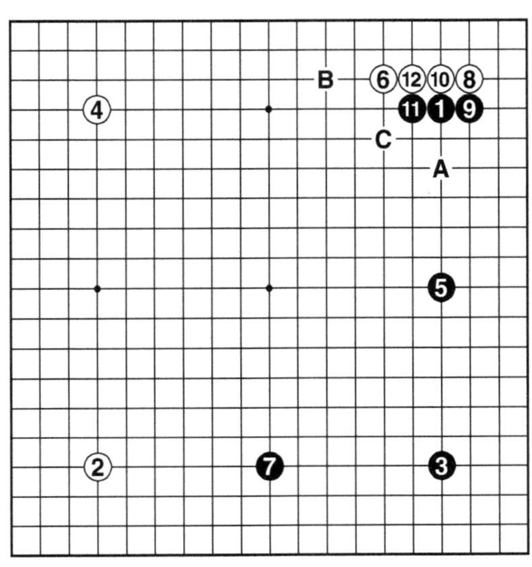

Fig. 1 Coups 1 à 12

Figure 1

Après le kakari blanc 6, Noir fait tenuki et prend le gros point 7. Pour ce coup 7, vous avez d'autres possibilités : répondre au kakari en A, faire le hasami en B, construire un moyo en C,... Je le répète encore une fois : au go, vous pouvez jouer où vous en avez envie, mais il ne faut pas vous tromper de direction. Par exemple, après le coup blanc 8, si Noir avait joué 9 en 10, il aurait fait un mauvais choix de direction. Le comprenez-vous bien ?

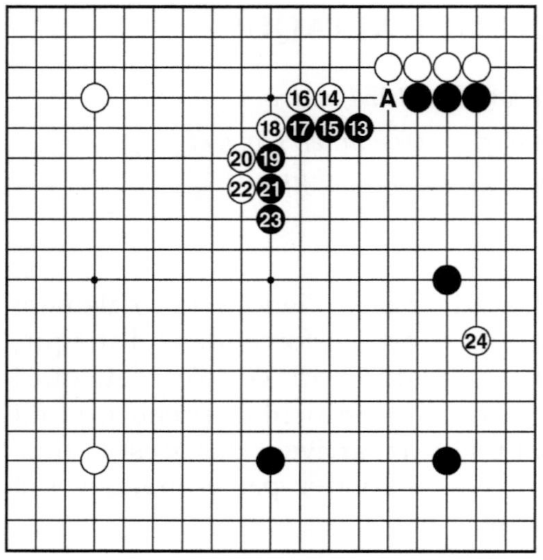

Fig. 2 Coups 13 à 24

Figure 2 — Diagramme 1

Le coup 13 est un coup très important. De tels coups-clés[1] apparaissent souvent dans les parties de moyo, en début de partie.

Le coup 13 est un bon exemple de coup-clé. Si Noir joue son coup 13 ailleurs et que Blanc tourne en A, il est quasiment sûr que Noir perdra la partie. Ce coup 13 est un coup vital.

En réponse aux coups blancs 14 et 16, les coups noirs 15 et 17 sont aussi très importants. Le double hane blanc 18-20 est le tesuji le plus sévère. Mais Noir ne doit pas céder. Jusqu'au coup 23, tous les coups sont très importants. Peut-être certains joueurs se demandent-ils pourquoi j'insiste plusieurs fois sur ces coups ? Mais dans une partie de moyo, cette ligne de jeu est déterminante pour l'issue de la confrontation. Par exemple, si Noir joue comme dans le diagramme 1, Blanc pousse tout de suite en 2. Vous le voyez bien : le moyo noir ne travaille alors plus du tout.

Quand Blanc vient envahir en 24, Noir peut saisir sa chance pour l'attaquer !!!

[1] *Ici Takemiya utilise le terme « Tennôzan ». Ce terme guerrier désigne la « clé pour la victoire ». En effet, il y a eu autrefois une guerre entre deux seigneurs. Et celui qui a gagné la guerre est celui qui a occupé en premier la montagne appelée Tennôzan. Ce terme vient de cette histoire. (Note du traducteur)*

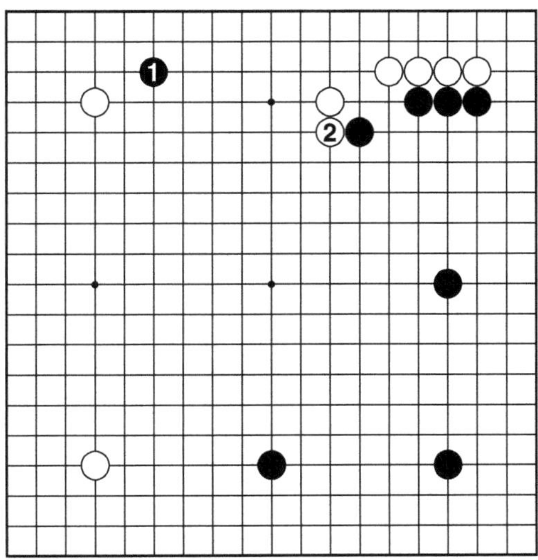

Diag. 1

Diagramme 2

Parmi les joueurs, il y en a aussi qui poussent une seule fois en 1 (comme le coup 13 de la partie) et qui font ensuite kakari en 3. Est-ce parce que Noir 1 est un kikashi ?! Ou bien parce que Noir a réussi à jouer des deux côtés ?! N'importe quoi !!! À cause de la possibilité de l'excellent magari blanc 8, Noir perd la valeur de son san-ren-sei.

De plus, les trois pierres noires sur le bord supérieur sont maintenant faibles. Si vous jouez comme cela, je vous conseille de ne pas choisir le san-ren-sei.

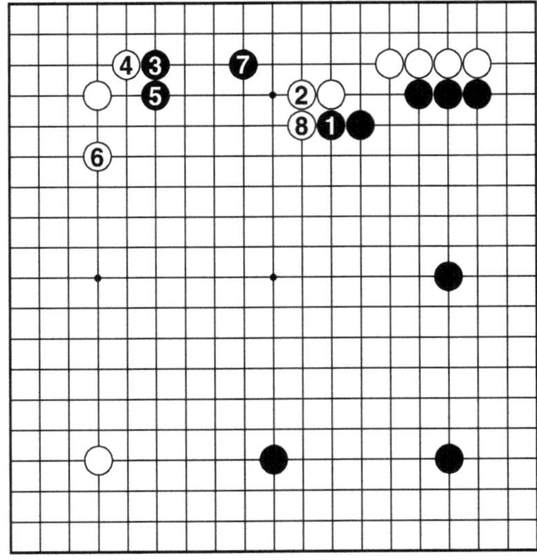

Diag. 2

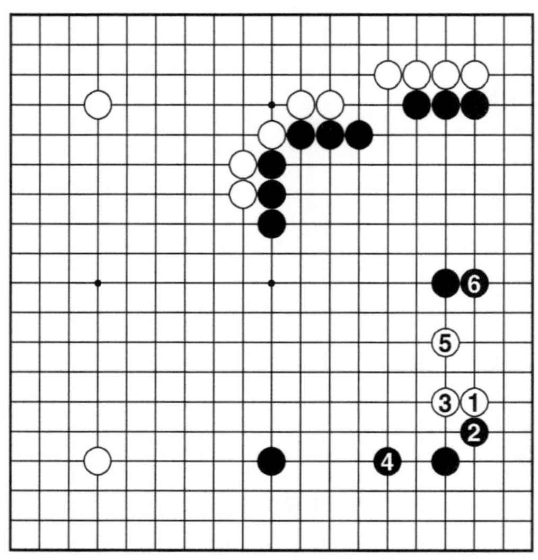

Diag. 3

Diagramme 3

À propos de l'invasion blanche, si Blanc joue le kakari 1, que faut-il faire ? Comme on parle souvent de cette situation dans les livres, vous allez trouver la solution. Oui, Noir fait tsuke une fois, en 2, pour enlever à Blanc la base de vie, puis il répond en 4. Ensuite, après le coup blanc 5, Noir joue le tetchu en 6. Il faut savoir que Noir 6 est bon, non pas pour faire du territoire, mais pour attaquer le groupe blanc.

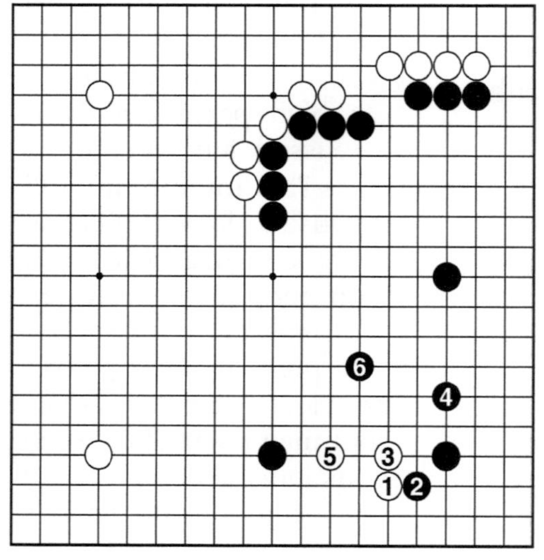

Diag. 4

Diagramme 4

Si blanc fait kakari dans l'autre sens, Noir joue toujours 2 et 4, mais, après Blanc 5, il est plus intéressant d'attaquer le groupe blanc en 6, tout en développant le moyo. Pour le coup 6, je n'ai pas tout calculé. Cette préférence résulte de mon « feeling ». Revenons à la partie.

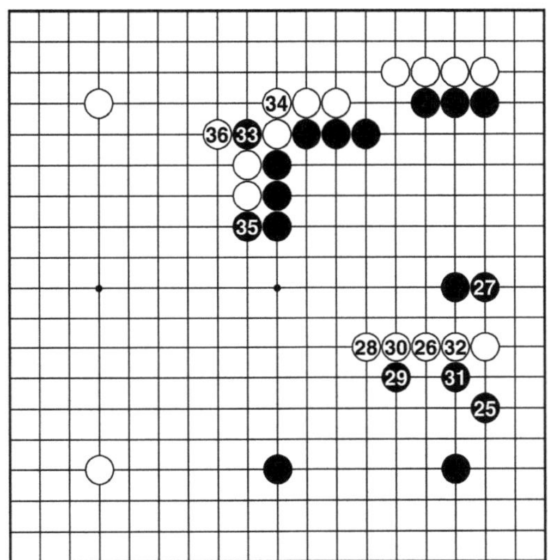

Fig. 3 Coups 25 à 36

Figure 3

Ce que j'ai choisi, c'est le coup 25. Si Blanc joue le tobi en 26, Noir lui enlève la base de vie avec le coup 27. Noir fait ensuite les nozoki 29 et 31, et il joue le coup 35, très important. Noir est dans le rythme, non ?

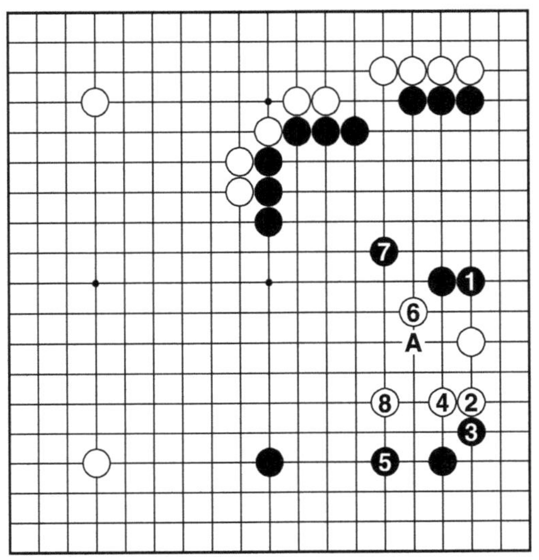

Diag. 5

Diagramme 5

Noir 1 est aussi possible. Si Blanc joue le tobi en A, Noir joue en 2. Après le coup 8, je trouve que le groupe blanc a plus de facilités que dans la partie. C'est pourquoi j'ai évité cette séquence.

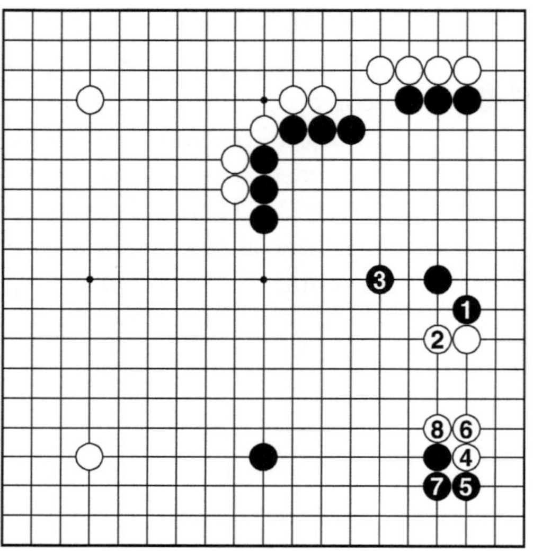

Diag. 6

Diagramme 6

Noirs 1 et 3 de ce diagramme sont aussi possibles, mais je ne vous conseille pas ces coups. Par rapport au diagramme précédent, je sens ici un peu de gourmandise de la part de Noir qui cherche avant tout à faire du territoire.

En outre, Noir 1 et Noir 3 ne sont pas des beaux coups. Blanc se stabilise de 4 à 8. Ce n'est pas génial pour Noir.

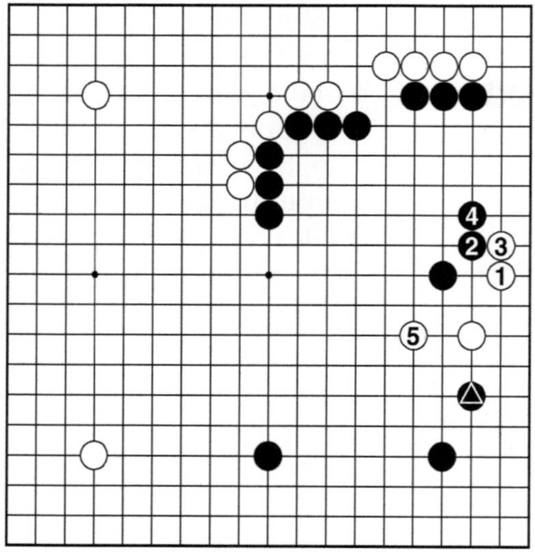

Diag. 7

Diagramme 7

Pour toutes ces raisons, j'ai joué en ▲. Si vous ne jouez pas ce coup, c'est sans doute parce que vous ne voulez pas que Blanc fasse le suberi en 1. Après Noir 2, Blanc joue le kikashi 3 et le tobi 5. C'est mauvais pour Noir.

Le coup noir 2, qui a l'air normal, est un mauvais coup. Il est manifeste que, avec ce coup, Noir a envie de faire du territoire !!!

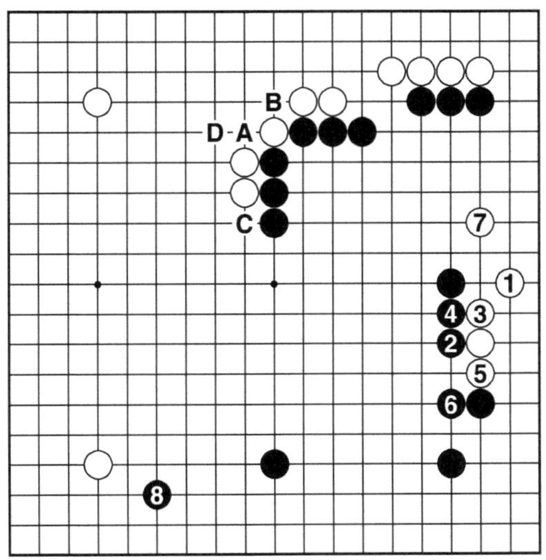

Diag. 8

Diagramme 8

La réponse au coup blanc 1 est le tsuke 2. Blanc envahit tout le bord de 3 à 7. Et ce serait le pire qui puisse arriver à Noir ?! Ceux qui disent cela pensent que l'essentiel du go, c'est le bord, non ?

C'est vrai que le bord de droite est envahi, mais grâce à l'influence obtenue par Noir 2 et 4, celui-ci fait un gros moyo avec le kakari 8. C'est encore une fois l'histoire du centre.

Comme le coup 33 de la partie, joué au point A du diagramme 8, Noir peut faire de nombreux kikashi sur le bord supérieur (par exemple, comme dans la partie, Noir A, Blanc B, Noir C et Blanc D). La force de Noir au centre est donc très importante. Regardez le goban plus globalement : si vous ne pensez qu'à la petite île (le Japon), vous ne pourrez jamais sortir dans le monde...[1]

[1] *Takemiya s'adresse ici aux Japonais, avec une bonne dose d'humour et d'ironie. (Note du traducteur)*

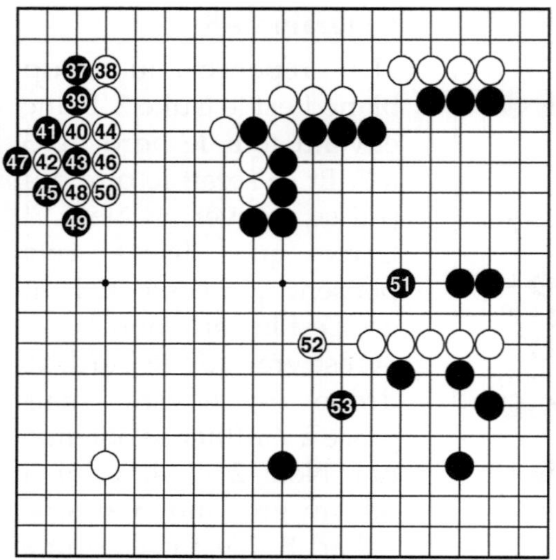

Fig. 4 Coups 37 à 53

Figure 4

Au lieu d'attaquer le groupe blanc directement, Noir joue d'abord au san-san (qui est un gros point) et il commence ensuite l'attaque tout doucement avec le tobi 51.

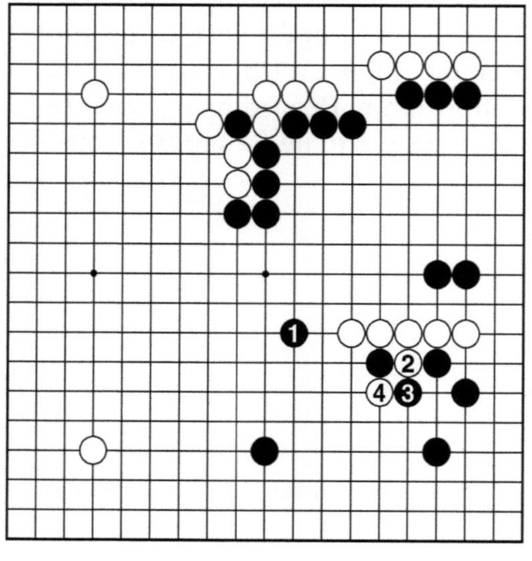

Diag. 9

Diagramme 9

Bien sûr, Noir peut attaquer Blanc directement avec le boshi 1 de ce diagramme, mais cette attaque sera-t-elle efficace ? Au go, il faut être flexible. Certains pensent qu'on ne peut pas gagner si on ne tue pas les pierres qui envahissent un moyo. Le jeu de go n'est pas aussi bête que cela.

Au coup blanc 52, Noir répond avec le keima 53.

Que pensez-vous de cette attaque ? Simple et non agressive ? Face à Blanc qui ne peut que fuir, Noir attaque doucement en construisant du territoire en bas, à droite. C'est la stratégie efficace du san-ren-sei.

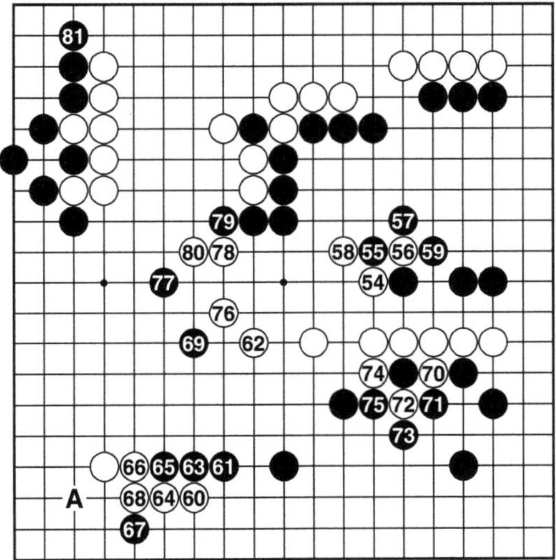

Fig. 5 Coups 54 à 81

Figure 5

Regardons la suite de la partie : de 54 à 58, Blanc fait de gros efforts pour revenir au score, mais Noir l'attaque doucement, et de loin, avec 61. Cette attaque se poursuit jusqu'à 80. Durant cette séquence, Noir gagne des points partout. En bas à gauche, il reste le san-san, en A. Après le coup 81, Noir est très en avance.

Blanc a réussi à s'enfuir, mais Noir n'y perd pas en territoire. Vous voyez ? Je vous ai dit au début de cette partie que « tuer » et « attaquer » sont deux choses différentes. J'espère que vous le comprenez maintenant.

Résultat : Noir gagne par abandon.

4e partie : UN MOYO ÉNORME

Partie à égalité jouée en 1974 entre
Takemiya Masaki, 8e dan professionnel, Noir, et
Ishida Yoshio, Honinbo, Blanc.

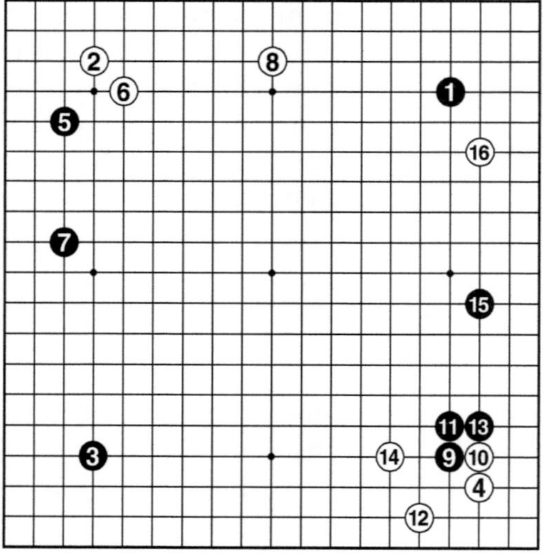

Fig. 1 Coups 1 à 16

M. Ishida a un style territorial. Contre lui, je fais donc forcément un gros moyo. Cela me satisfait pleinement ; et lui peut-être aussi.

Figure 1

Les coups blancs 6 et 8 reflètent le style de M. Ishida qui joue tranquillement au début et qui gagne souvent ses parties grâce à ses calculs très précis.

Pour le coup noir 9, il y a plusieurs possibilités (voir le diagramme 1).

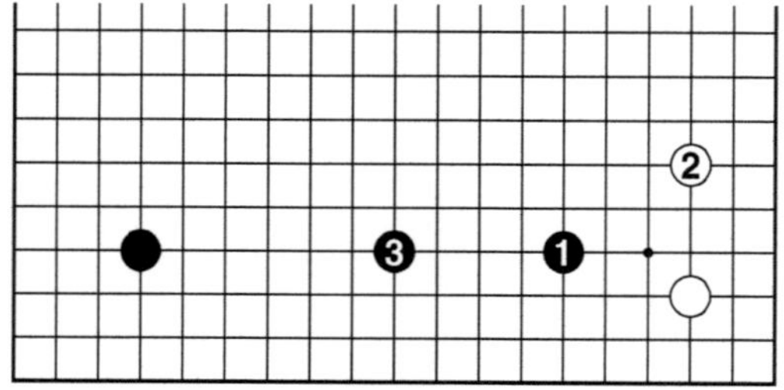

Diag. 1

Diagramme 1

Développer le bord du bas avec 1 et 3 est aussi possible.

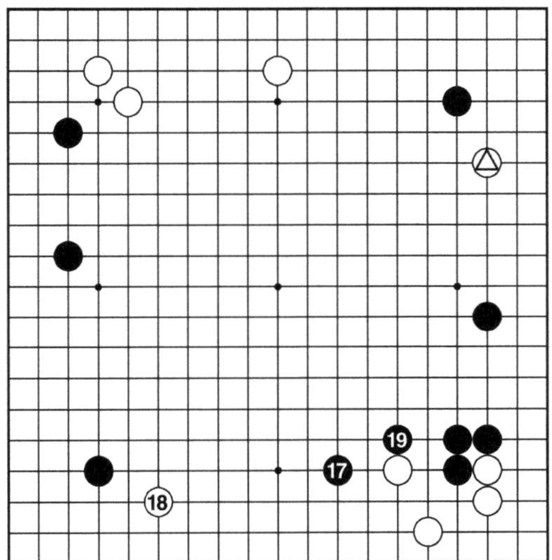

Fig. 2 Coups 17 à 19

Figure 2

Sans répondre au kakari △, j'ai joué en 17. Puis sans répondre, encore une fois, au kakari 18, j'ai joué le tsuke 19. Je vise le centre.

Malgré le grand nombre de joueurs de go, je suis probablement le seul à jouer de cette façon (voir diagramme 2, la variante habituelle). J'ai aussi un petit mot à dire sur le coup 18 (diagrammes 3 et 4).

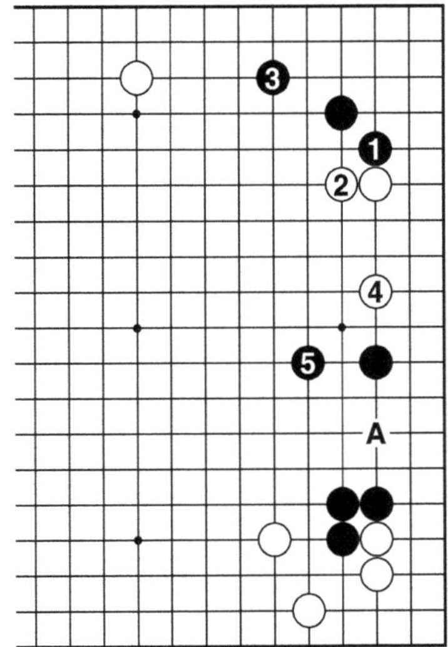

Diag. 2

Diagramme 2

Au lieu de jouer le coup 17 de la partie, beaucoup de joueurs penseraient aux coups noirs 1, 3 et probablement 5 (au lieu de 5, faire tenuki serait dangereux à cause de l'invasion en A). Bien sûr, cette option n'est pas mauvaise, mais c'est une autre partie. Je trouvais ce choix ennuyeux. Je voulais jouer une partie originale. Personne ne peut dire si les coups 17 et 19 sont vraiment corrects, mais je pensais que ces deux coups ne me faisaient pas prendre du retard.

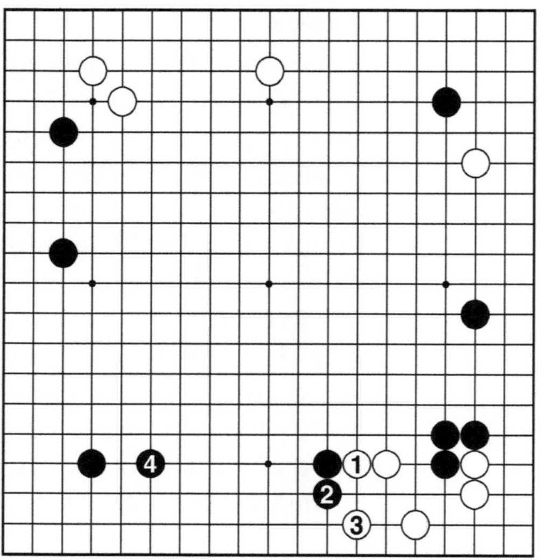

Diag. 3

Diagramme 3

Pour ne pas être enfermé, Blanc doit jouer en 1 (au lieu du coup 18 de la partie) et ensuite en 3. Mais Noir peut faire le shimari 4, et c'est suffisant pour lui. Tout à coup, on voit naître un moyo énorme entre le côté inférieur et le côté gauche.

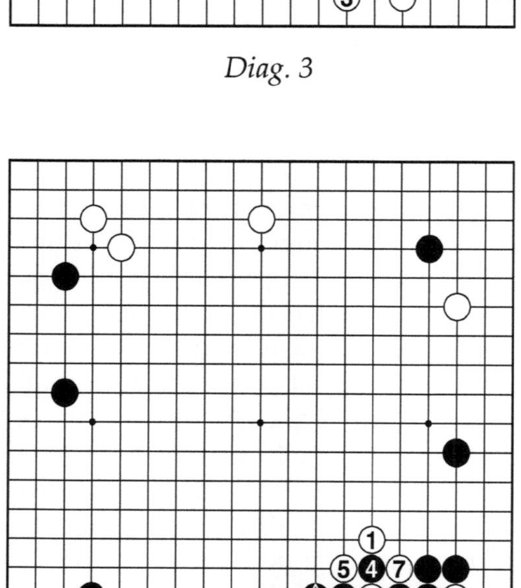

Diag. 4

Diagramme 4

Si Blanc joue le tobi 1, il y aura beaucoup d'aji plus tard. Par exemple, le tesuji 2 – 4 coupe la pierre blanche 1 de son groupe. Une des raisons de jouer en ▲ est qu'il n'y a pas alors de bon coup pour Blanc dans cette zone.

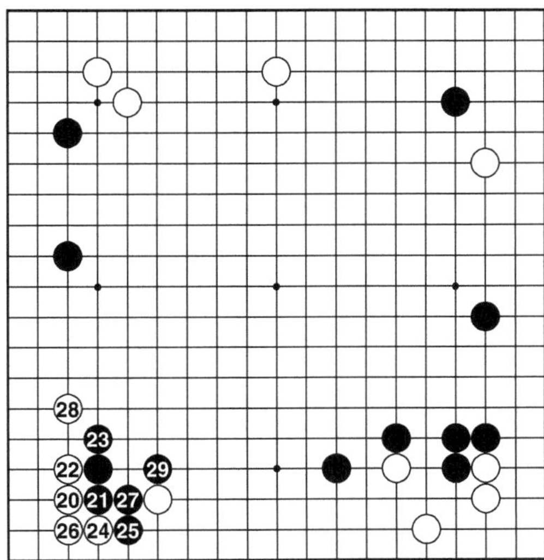

Fig. 3 Coups 20 à 29

Figure 3

Après le kakari 18, Blanc a joué au san-san : Ishida aime la stratégie territoriale.

Pour le coup noir 21, certains joueurs choisiraient sans doute le coup 1 du diagramme 5.

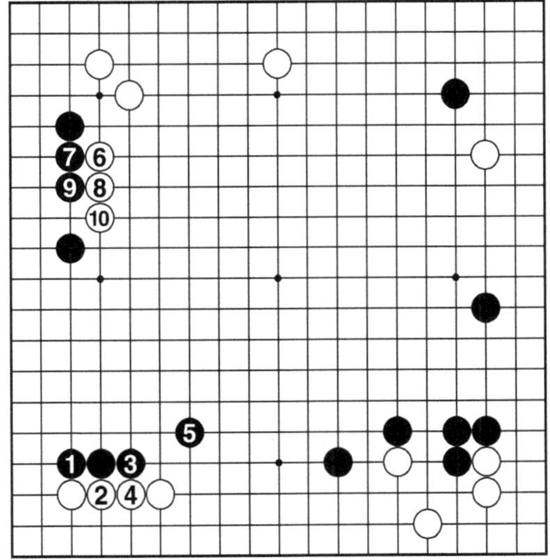

Diag. 5

Diagramme 5

Mais dans ce cas, le coup 6 devient très intéressant pour Blanc. En réalité, toutes ces idées ne viennent pas de la lecture ; elles viennent de l'intuition.

La difficulté des parties de moyo est que si on se trompe de direction on est immédiatement en retard.

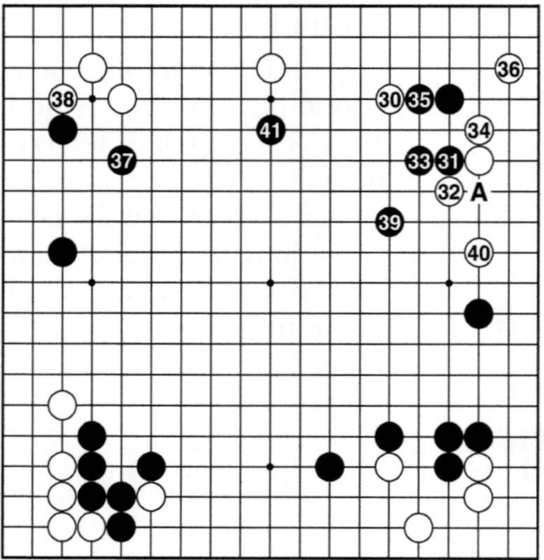

Fig. 4 Coups 30 à 41

Figure 4

Après le double kakari en 30, sortir vers le centre avec les coups 31 et 33 est une idée naturelle. Ce genre de coup ne peut jamais être mauvais...

Après les échanges 37 – 38 et 39 – 40 (il reste la coupe en A si Blanc fait tenuki), Noir crée un énorme moyo avec le boshi 41.

Cette partie est sans doute la partie la plus dynamique que j'ai jouée.

À ce moment, je me sentais très bien dans la partie.

À propos des coups noirs 31 et 33, je dois expliquer certaines choses.

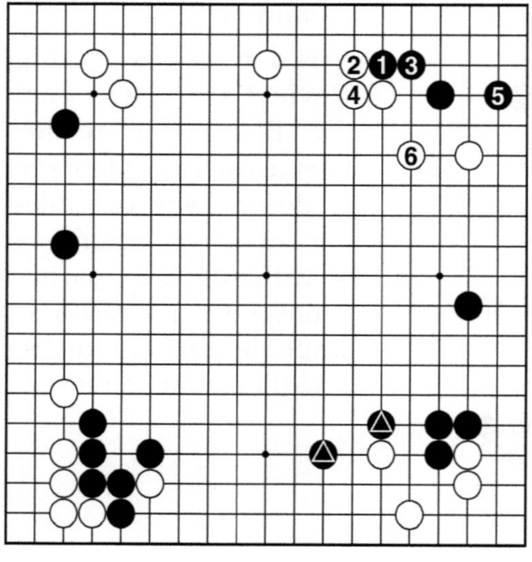

Diag. 6

Diagramme 6

Beaucoup de joueurs choisiraient la séquence de ce diagramme, mais c'est une mauvaise idée. À partir du moment où Blanc enferme le groupe noir avec 6, les deux pierres ▲ n'ont plus de sens.

Faites confiance à l'influence : si vous décidez de faire un moyo, il ne faut pas rester dans le coin !

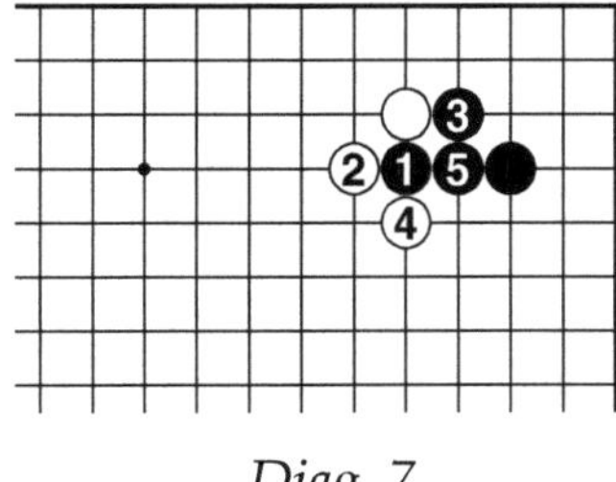

Diag. 7

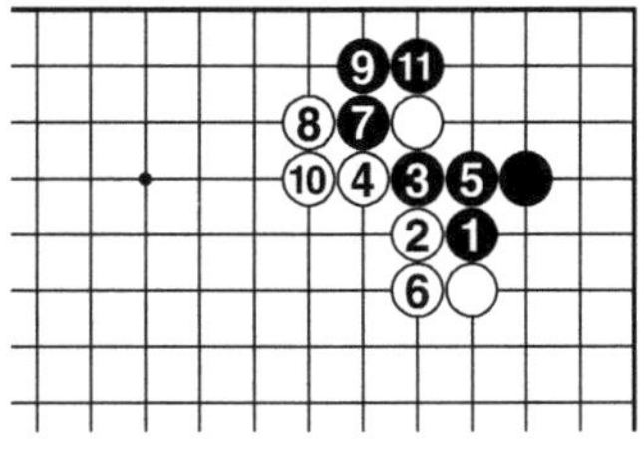

Diag. 8

Diagrammes 7 et 8

Je vous montre, en passant, les joseki que je n'aime pas du tout, en particulier le joseki du diagramme 7, qui est cependant à la mode. Il fait disparaître la valeur du hoshi ; c'est pourquoi je ne le trouve pas bon.

Le joseki du diagramme 8 permet d'éviter le taisha. Mais un tel coup qui crée une si mauvaise forme peut-il être bon ? Je trouve que les pierres sont belles quand elles se dirigent vers le centre.

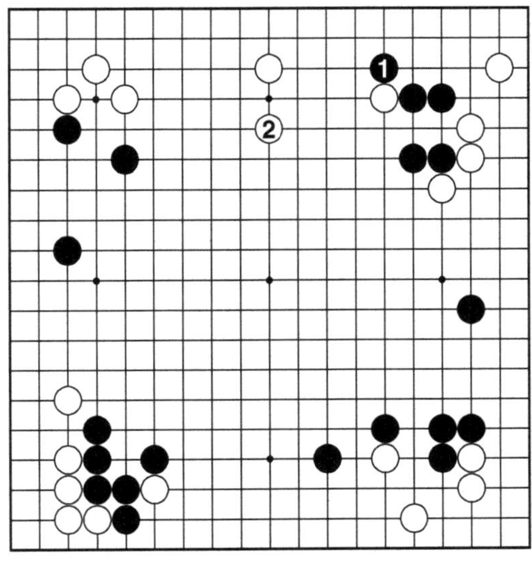

Diag. 9

Diagramme 9

On dit que le coup 1 est joseki. Mais, dans cette partie, le coup blanc 2 devient un coup superbe. C'est un exemple typique où un coup (noir 1) est localement bon, mais globalement très mauvais.

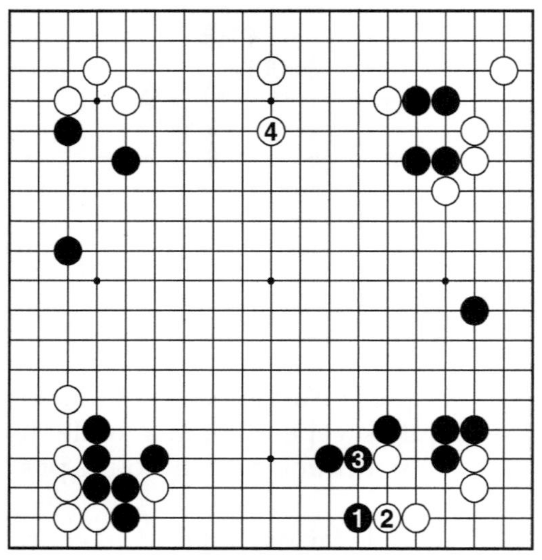

Diag. 10

Diagramme 10

Renforcer le bord sud avec 1 et 3 donne un résultat du même type : Blanc jouera en 4. Vous voyez bien que ce point en Blanc 4 est le point vital incontournable dans cette partie.

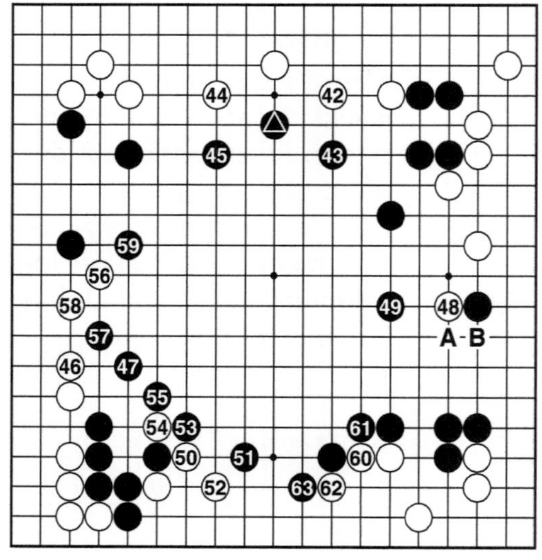

Fig. 4 Coups 42 à 63

Figure 5

Avec le boshi ▲, Noir est en avance. Les coups blancs 42 et 44 sont nécessaires. Noir réussit à enfermer Blanc et à renforcer très facilement son moyo jusqu'au coup 45.

J'attire votre attention sur le coup 49, face au tsuke 48 : comme le voudrait le « sens commun », il serait normal de répondre au tsuke 48, soit par le hane en A, soit par le nobi en B. Le plus important, maintenant, c'est la bataille pour le centre.

Avec les coups 57 et 59, Noir empêche la sortie de Blanc vers le centre. Jusqu'au coup 63, Noir réussit à créer un gros moyo (ce n'est pas un territoire). Noir est clairement en avance.

Cependant, j'ai fait des erreurs dans la suite de la partie et, au bout du compte, je l'ai perdue.

Malgré tout, pour moi, c'est une partie mémorable et pour de multiples raisons.

Résultat : Blanc gagne par abandon.

5e partie : UN COUP 5-5 « ANORMAL »

Partie à égalité, jouée en 1978, entre
Takemiya Masaki, 9e dan professionnel, Noir, et
Fujisawa Hosai, 9e dan professionnel, Blanc.

J'oublie souvent bien des choses ; bien sûr, je n'en suis pas fier. En particulier, j'oublie souvent mes rendez-vous. Le pire, c'est que j'oublie la partie que j'ai jouée la veille.

Mais cette mauvaise mémoire n'est pas forcément négative pour un joueur de go. Lorsqu'ils sont dans une position compliquée, les joueurs sont habituellement dépendants des parties du passé et ils se demandent : « Autrefois j'ai joué le même genre de partie, comment est-ce que j'avais joué à ce moment-là ? »

Heureusement ou non, moi qui oublie complètement le passé, je peux toujours regarder le goban avec fraîcheur. Le « sens commun », la théorie, l'habitude... Comme on est dépendant de toutes ces choses, sans même le savoir !!!

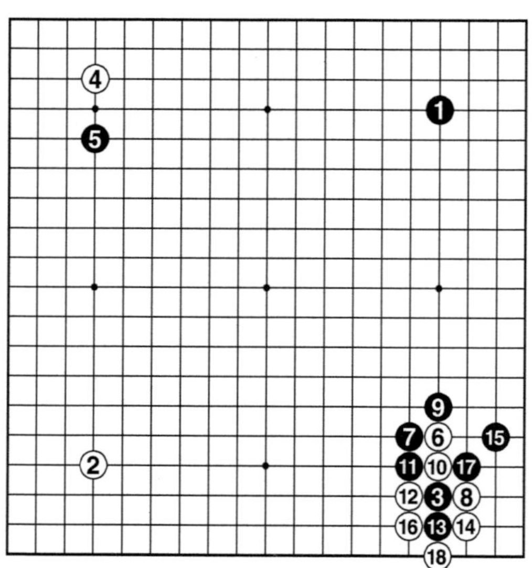

Fig. 1 Coups 1 à 18

Réfléchissez bien. Au go, on n'a jamais deux parties identiques. En conséquence, ce qui est écrit dans les livres, ce que disent les commentateurs, ce n'est jamais que la simple histoire du « sens commun ». Au go, il faut réfléchir par soi-même. Je suis contre la référence au sens commun.

Cette fois-ci, je vous montre une partie qui dépasse complètement le « sens commun »[1].

Bien sûr, le thème de cette partie est le centre, en relation avec un coup au point 5-5.

Figure 1

Face à Noir 7, Blanc 8 est le joseki préféré de Maître Hosai. Il a dû être séduit par le territoire dans le coin. Mais moi aussi je suis content, à cause de l'influence que j'ai obtenue.

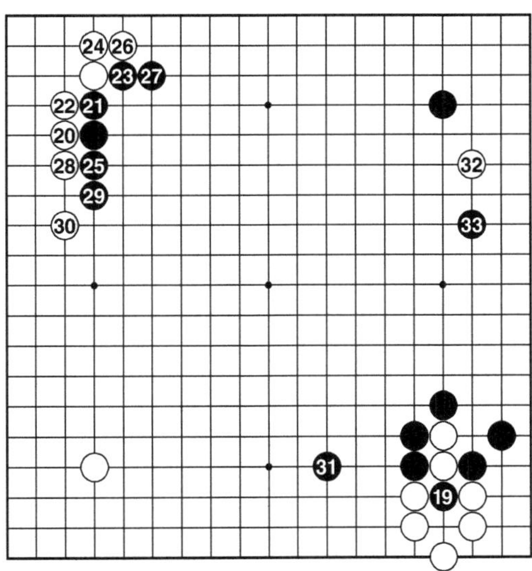

Fig. 2 Coups 19 à 33

Figure 2

Noir peut jouer le coup 21 en 28 ; mais, dans ce cas, je pense que mon choix en 21 correspond mieux à l'esprit de cette partie.

Jusqu'au coup 33, chaque joueur poursuit son dessein : Blanc joue plus territorial et Noir vise le centre.

[1] *Le « sens commun » est une notion très large au Japon et très utilisée dans les références courantes aux règles du comportement du citoyen. (Note du traducteur)*

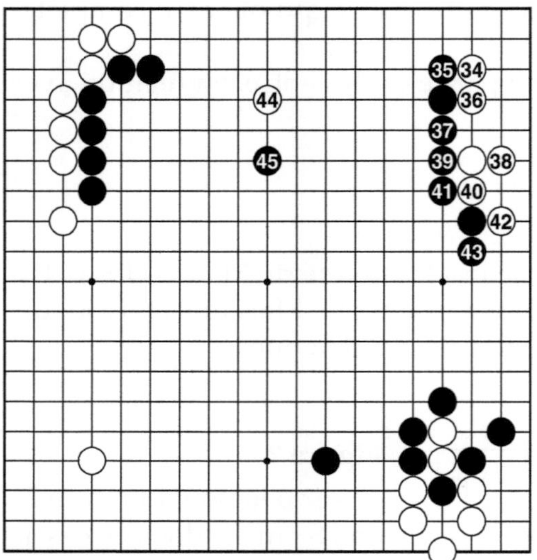

Fig. 3 Coups 34 à 45

Figure 3

Peut-être me dira-t-on que le coup 35 est anormal : « Si, dans la zone de la pierre 44, il n'y a pas de pierre noire, répondre en 35 n'est pas bon. »

Cette théorie est connue de tous, du moins de tous les joueurs en dan.

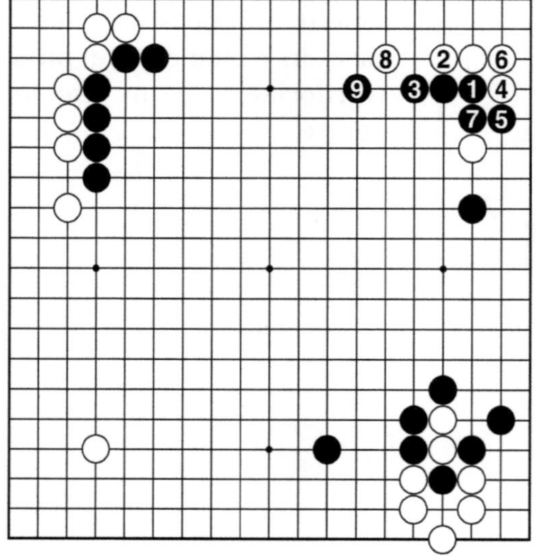

Diag. 1

Diagramme 1

Répondre en 1 est normal. Après Blanc 8, Noir renforce le moyo avec 9. En prenant une grosse influence sur le bord droit, Noir n'est pas mal du tout. Mais je voulais répondre en 35, j'en avais trop envie.

L'invasion en 44 est nécessaire. En faisant le boshi 45, je créé un gros moyo au centre plutôt que sur le bord droit (voyez aussi le diagramme 2).

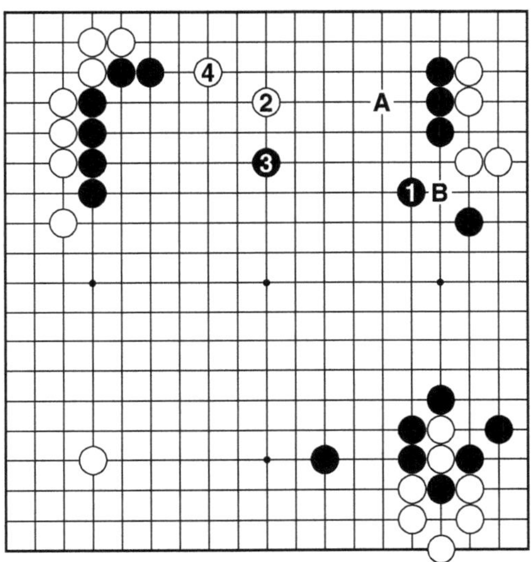

Diag. 2

Diagramme 2

Le joseki indique le keima 1. Comme dans la partie, on suppose que Blanc vient envahir en 2, Noir 3 et Blanc 4. Dans ce cas, je trouve qu'il y aurait eu plus de faiblesses (par exemple, Blanc peut jouer en A ou en B).

À partir du moment où on décide de prendre le centre, il vaut mieux penser à l'influence qu'au territoire.

Dans la partie, le coup 39 est solide, mas il perd quelques points par rapport au coup noir 1 du diagramme 2.

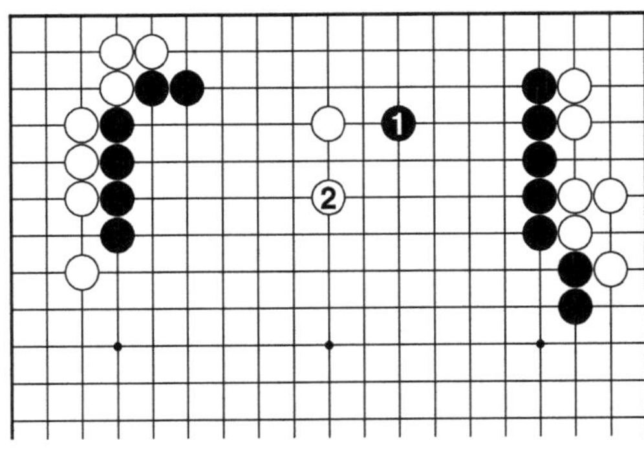

Diag. 3

Diagramme 3

Certaines personnes préfèrent jouer en 1 pour faire du territoire, mais cela ne va pas du tout à cause du tobi blanc 2 : vous voyez bien que la lumière des pierres noires qui se dirigent vers le centre est éteinte.

Dans une situation difficile, au lieu de se demander comment il faut jouer, il vaut mieux se demander dans quel esprit il faut jouer.

Dans cette partie, l'essentiel pour Noir est le centre. Si on pense comme cela, on ne peut même pas imaginer le coup 1 du diagramme 3 : ce coup est manifestement joué dans une mauvaise direction.

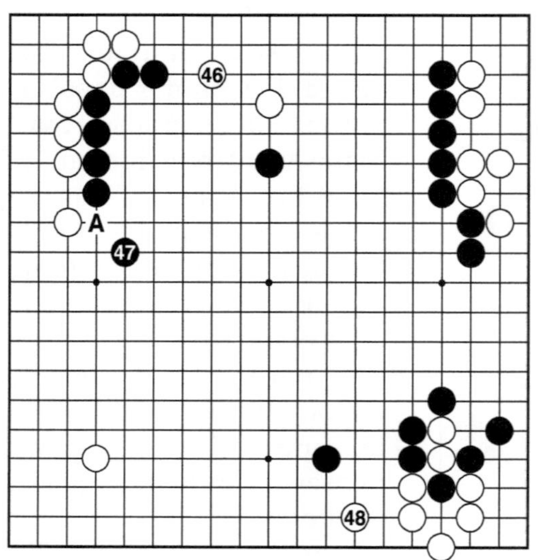

Fig. 4 Coups 46 à 48

Figure 4

Le coup 47 est aussi un coup important pour pour suivre la stratégie du centre.

Jouer le coup 47 en 48 est une alternative séduisante, mais j'avais peur que ma stratégie centrale soit détruite par un coup blanc en A.

Essayez maintenant d'imaginer le coup suivant. On ne peut pas trouver ce coup en se fondant simplement sur le « sens commun ».

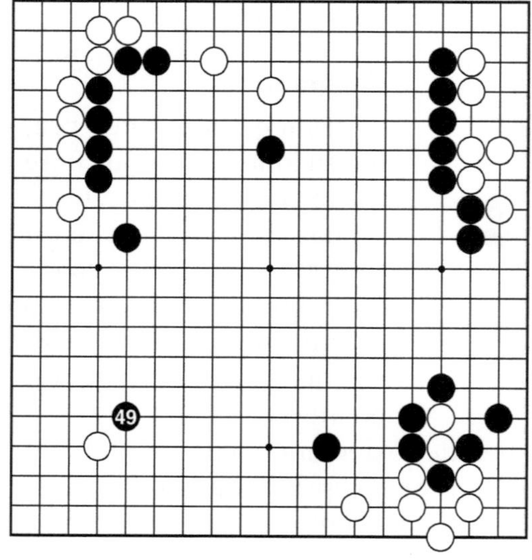

Fig. 5 Coup 49

Figure 5

Le coup 49 est joué au point 5-5. Dans les livres de joseki, vous ne le trouverez jamais. Mais j'ai pensé que ce coup est ici le meilleur pour exprimer mes ambitions au centre. Le go est un jeu libre. Au lieu de dépendre du passé, il est essentiel, au go, de ne dépendre que de soi et de penser par soi-même.

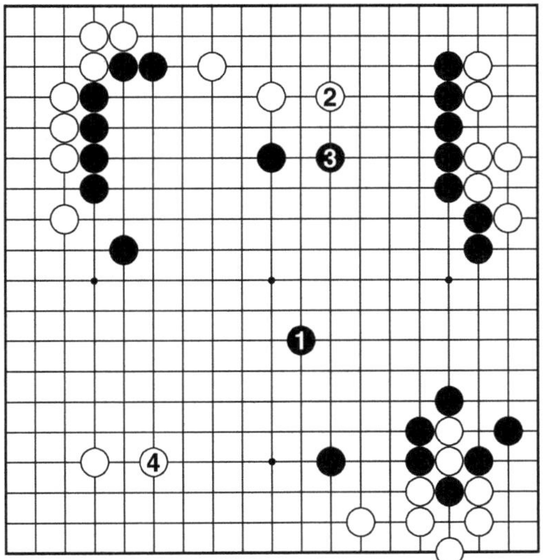

Diag. 4

Diagramme 4

Noir a la possibilité de faire du territoire. En réaliser effectivement avec le coup 1 est la pire des options. Blanc fait le kikashi 2, puis le shimari 4. Entre parenthèses, Noir 1 est un bon exemple de coup qui vise uniquement à faire du territoire.

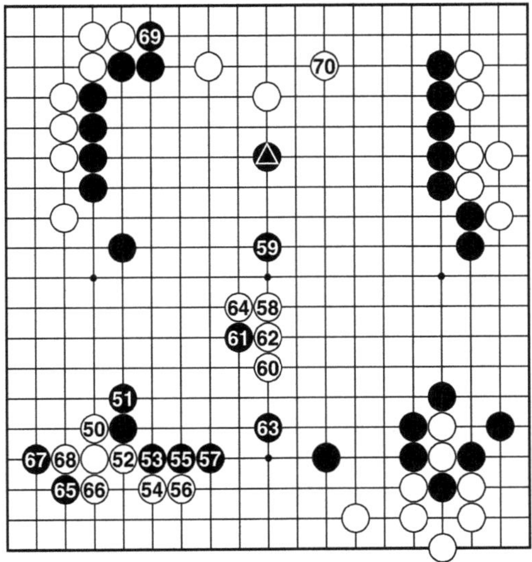

Fig. 6 Coups 50 à 70

Figure 6

Sans doute Blanc aurait-il dû jouer son coup 52 en 54. Jusqu'à 57, la force centrale de Noir devient extrêmement solide. En outre, pour des joueurs en mal de territoire, il reste encore le san-san 65 dans le coin inférieur gauche. Même objectivement, le coup en 5-5 n'était pas mal.

Si on regarde bien, Noir s'est fait prendre les quatre coins.

Parmi les joueurs professionnels, c'est sans doute moi qui ai le plus d'expérience de parties où l'un des joueurs se fait prendre les quatre coins.

Un vieux proverbe de go dit : « si vous avez perdu les quatre coins, abandonnez ! ». Mais moi, je dis l'inverse : « si vous ne voulez jamais perdre les quatre coins, ne jouez pas au go ! ».

En raison de l'invasion directe 58, la partie est très difficile. Mais, à ce stade, je me sentais très bien. Le territoire blanc dans les quatre coins n'est pas énorme. Par contre, toutes les pierres noires sont étincelantes et participent au combat central. Je ne peux jamais me sentir mal à l'aise dans une telle situation.

Noir n'est pas dans une position où il doit à tout prix capturer cet « envahisseur ». De toute façon, en attaquant en même temps le groupe blanc en haut et la pierre blanche au centre, Noir aura forcément du profit.

Mais, encore une fois, ce qui est important, c'est la direction de l'attaque.

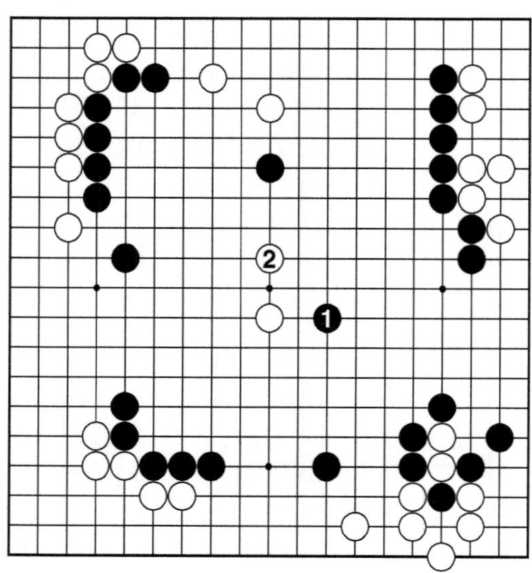

Diag. 5

Diagramme 5

Sur le bord droit, l'attaque en 1 qui vise à faire du territoire n'est pas bonne. Avec le coup 2, Blanc fait sabaki plus facilement.

Dans ce cas, l'attaque en 59 de la figure 6 – qui renforce la pierre faible ▲ – est la bonne direction.

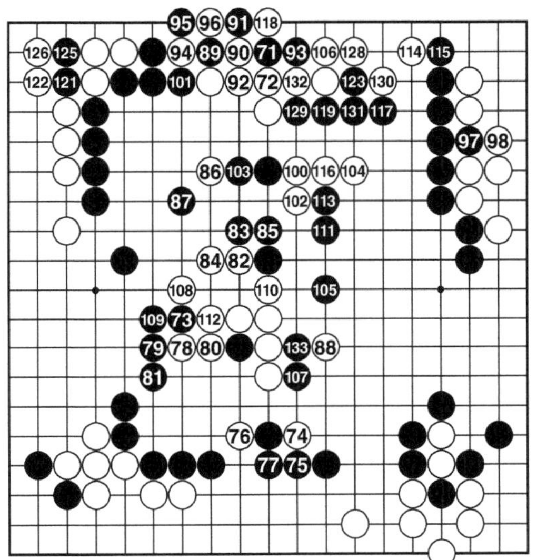

Fig. 7 Coups 71 à 133
Coup 99 en 89, 120 en 96, 124 en 94 et 127 en 89.

Figure 7

Je vous montre simplement la suite. Mais si on arrive à jouer jusque là, gagner ou perdre n'a plus aucun sens pour moi. Si Noir attaque bien, il gagne. Sinon, il perd. Ce qui est important, c'est le processus.

Le simple résultat (gagner ou perdre) ne peut jamais prouver la beauté du go. Notre mission (pour nous, les professionnels) est de vous montrer de belles parties, pouvant vous instruire et vous séduire.

Recevez bien mon message : au lieu d'être contraint par le « sens commun » ou par la théorie, jouez les coups qui vous plaisent.

Résultat : Noir gagne par abandon.

Chapitre 2

UTILISATION DU SAN-REN-SEI POUR LE STYLE COSMIQUE

Quand on parle de mon « style cosmique », il s'agit en général de l'utilisation du san-ren-sei. Cette forme permet d'enfermer plus facilement les pierres de l'adversaire, en préservant des positions hautes et en privilégiant l'influence. J'ai développé cette stratégie du san-ren-sei car elle correspond bien à mon « feeling ».

Certains joueurs vous diront peut-être : « Si vous jouez toujours de la même manière, vos adversaires peuvent préparer leur propre stratégie pour contrer votre san-ren-sei. » Répondez-leur alors simplement : « Le go est-il tellement petit qu'une stratégie préparée par mon adversaire pourrait entraîner ma perte ? »

Non, le jeu de go n'est pas un jeu étroit. Il a des potentialités immenses ; il permet des variations innombrables largement inexplorées. Si mes adversaires progressent dans leur recherche pour contrer le san-ren-sei, j'essaye d'inventer des variantes originales et des développements nouveaux.

Au lieu de vous poser ces questions stériles, jouez les coups qui vous plaisent en comprenant bien l'esprit de la stratégie. Le san-ren-sei est à la mode, et beaucoup le jouent même sans en connaître le sens. Il vise une influence au centre et il permet un développement rapide. En jouant le hoshi dans un coin, on l'occupe en un seul coup, au lieu des deux coups pour les shimari habituels. D'où la tentation, même pour certains professionnels, d'utiliser les pierres de hoshi du san-ren-sei pour faire du territoire, ce qui est un contresens.

Ce deuxième chapitre montre ce qui est vraiment l'essence du san ren sei.

1ère partie : SAN-REN-SEI ET GRAND MOYO

Partie à égalité jouée en 1985 entre
Takemiya Masaki, 9e dan professionnel, Noir, et
Cho Chikun, Kisei, Blanc.

Il y a deux types de joueurs face à un gros moyo : ceux qui gagnent d'abord un maximum de points puis envahissent le moyo, et ceux qui l'envahissent tout de suite. M. Cho est un joueur typique du premier groupe.

Comme je suis très content de faire un moyo, ma partie contre lui, forcément, conduit à un combat central inéluctable et déterminant.

En voici un exemple.

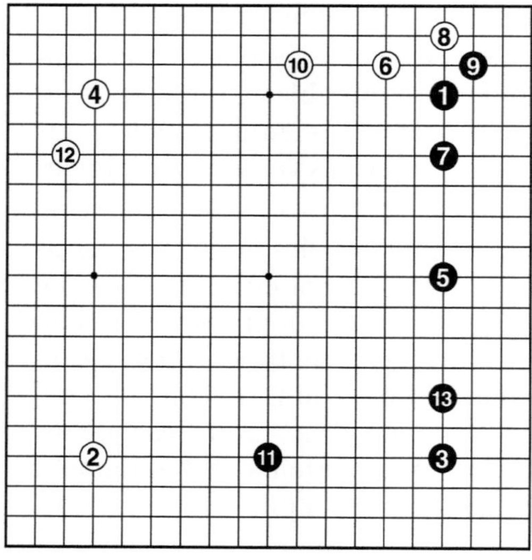

Fig. 1 Coups 1 à 13

Figure 1

Blanc 12 est le style typique de M. Cho.

Diagramme 1

Jouer le coup blanc 12 en 1 du diagramme 1 est aussi possible.

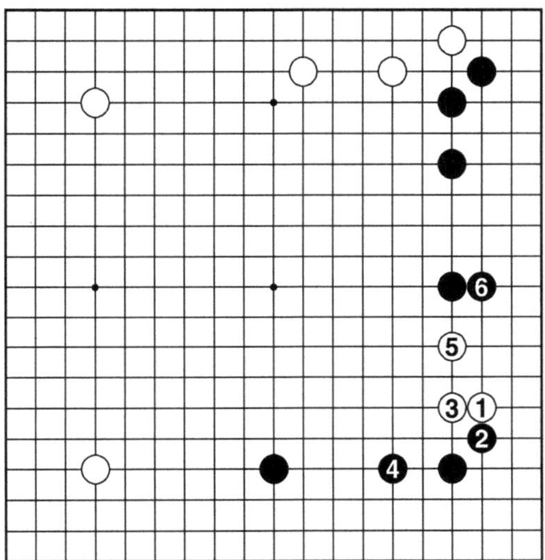

Diag. 1

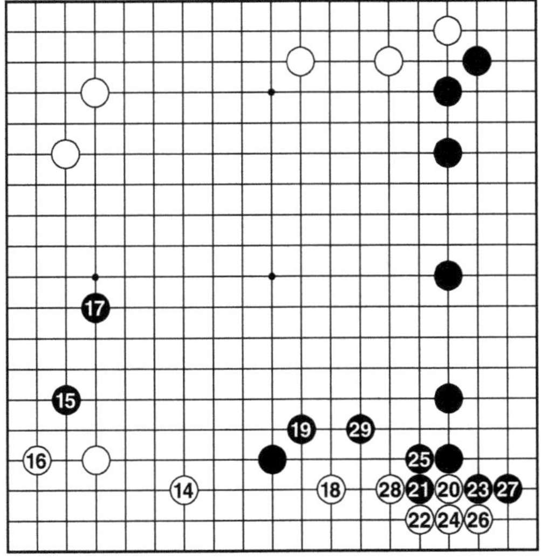

Fig. 2 Coups 14 à 29

Figure 2

Face au coup blanc 14, Noir prend la dernière grande zone avec 15 et 17. C'est un fuseki satisfaisant pour Noir.

Maintenant, Blanc envahit le moyo noir avec le coup 18. Faites attention à la réponse noire : Noir joue le kosumi 19, puis, face au tsuke blanc 20, il répond par les coups de 21 à 29. Il n'y a aucun coup difficile. Certains joueurs pensent que l'essentiel au go est de trouver de beaux tesuji.

Mais le jeu de go n'est pas aussi compliqué : si vous jouez des coups naturels, sans vous tromper de direction, vous ne pouvez jamais être en retard. Par contre, quand on ne joue pas des coups naturels, le jeu devient de plus en plus compliqué.

Alors, quelle est donc la direction naturelle dans cette partie ? C'est de faire un moyo avec le san-ren-sei. Si vous suivez cette idée, vous pouvez jouer où vous voulez, ça marchera !

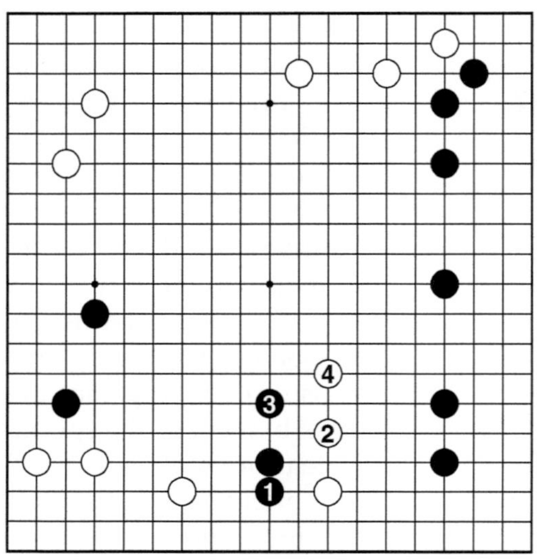

Diag. 2

Diagramme 2

Face à l'invasion de Blanc, jouer le techu 1 est très mauvais. À quoi cela sert-il ? Avec les deux tobi blancs 2 et 4, Noir a perdu toute l'influence centrale.

Figure 3

Blanc 30 est aussi typique du style de M. Cho. Habituellement, les joueurs veulent envahir tout de suite le moyo. Mais lui, il laisse le moyo se développer un peu plus et, au dernier moment, il vient l'envahir.

Noir 31 doit être joué dans cette zone. Je pense que Noir 31 est bien placé.

L'important, dans le san-ren-sei, est de faire le moyo le plus grand possible. Si vous faites un petit moyo, votre adversaire ne viendra pas l'envahir. Faire un grand moyo et attendre ensuite que l'adversaire l'envahisse est la bonne stratégie. Après le kikashi 32, Blanc a joué le coup 34. Enfin il est venu !

Et maintenant le problème se pose : « Je veux bien capturer cette pierre blanche. Mais si je l'attaque mal en la laissant s'enfuir, que devrai-je faire...? Vous aussi, vous avez beaucoup de soucis, n'est-ce pas ?

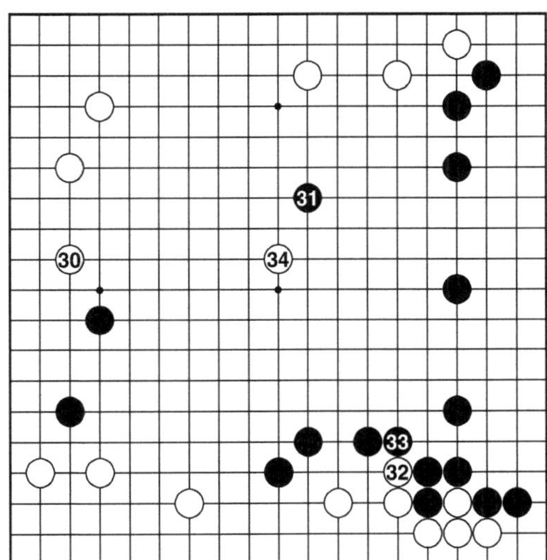

Fig. 3 Coups 30 à 34

Pourtant, il ne faut pas chercher à capturer cette pierre brutalement. Si cela ne marche pas, c'est la fin... C'est triste, non ?

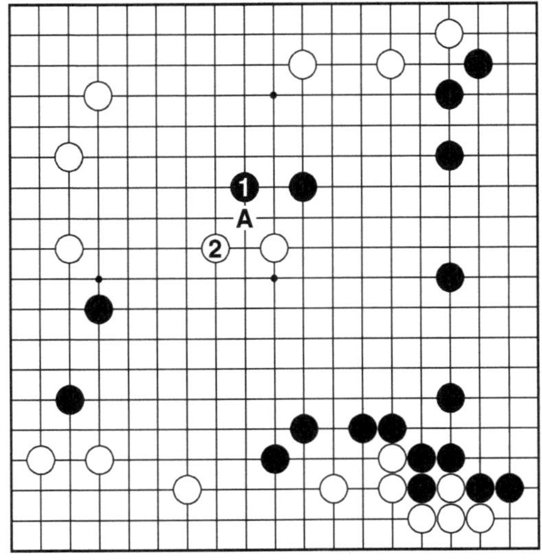

Diag. 3

Diagramme 3

Par exemple, supposons que Noir joue le tobi 1. Bien sûr, Blanc joue aussi le tobi 2. Ensuite, Noir n'a pas de bonne attaque.

Au lieu du coup noir 1, attaquer la pierre blanche du côté de 2 ne marche pas non plus : Blanc jouerait en A et Noir ne pourrait pas attaquer mieux.

Ces attaques directes n'apportent pas de bon résultat.

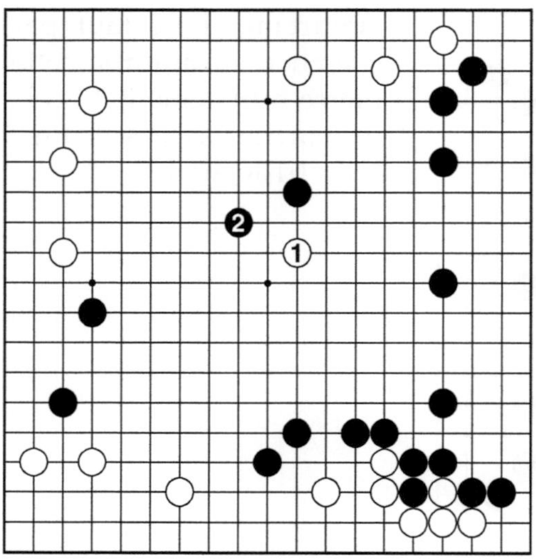

Diag. 4

Diagramme 4

Par contre, si Blanc avait joué 34 en 1 de ce diagramme, il n'y aurait pas de discussion. Noir n'aurait qu'à attaquer en 2. Cette différence d'une case est importante. Mais ce n'est pas la profondeur de votre lecture qui permet de la reconnaître, c'est votre « feeling ».

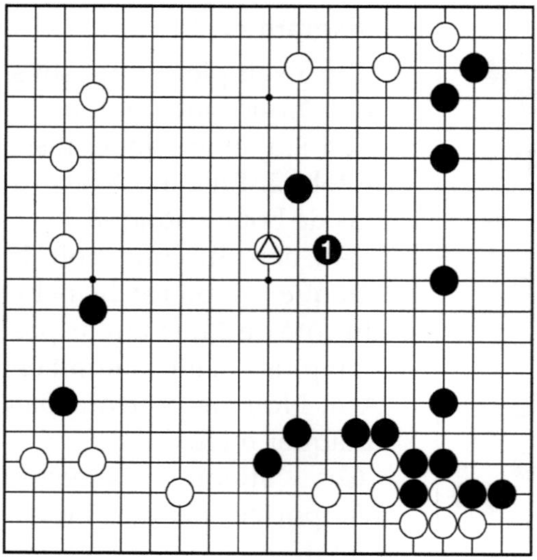

Diag. 5

Diagramme 5

Après l'invasion blanche en △, si Noir défend en 1... encore une fois, c'est un problème de « feeling » : d'un coup d'œil, je trouve que c'est mauvais pour Noir. Il me semble que le gros moyo noir pleure.

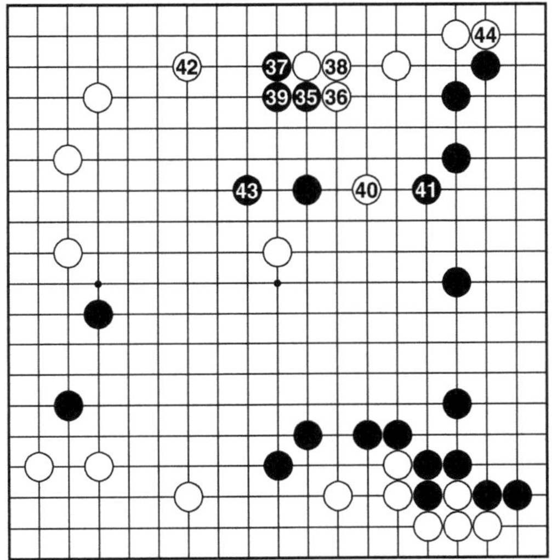

Fig. 4 Coups 34 à 44

Figure 4

Ni l'attaque directe, ni la défense ne sont bonnes. Alors, que faut-il faire ?

Ce qui est utile, dans ce genre de situation, c'est l'idée de « l'attaque en appui ».

Dans le cas où l'attaque sur une pierre ne marche pas bien, s'appuyer sur d'autres pierres est souvent une bonne stratégie. Le tsuke 35 est né de cette idée.

Face au hane blanc 36, Noir menace tranquillement de prendre la base de vie de Blanc avec 37 et 39. Alors que Noir ne peut pas attaquer directement la pierre blanche centrale, Blanc ne peut pas non plus connecter cette pierre à d'autres groupes en un seul coup.

Si Blanc jouait son coup 42 quelque part au centre, sa pierre centrale 34 serait plus solide. Mais comme il a préféré prendre des points sur le bord, sa pierre centrale est devenue faible à cause du tobi 43. C'est l'un des résultats de « l'attaque en appui ». Et Blanc doit ajouter le coup 44...

Je voudrais aussi vous montrer un exemple où le résultat est pire pour Blanc.

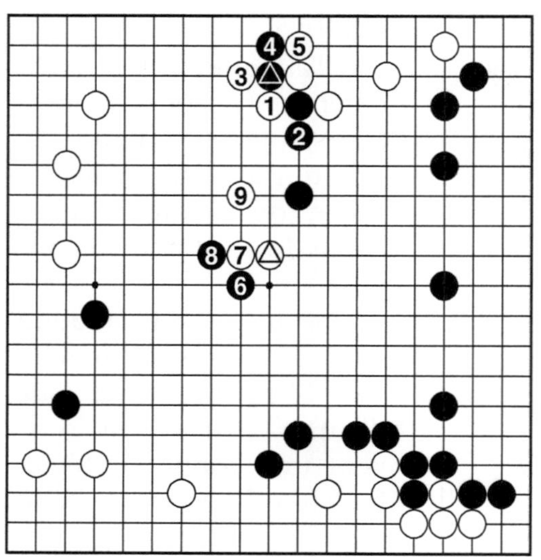
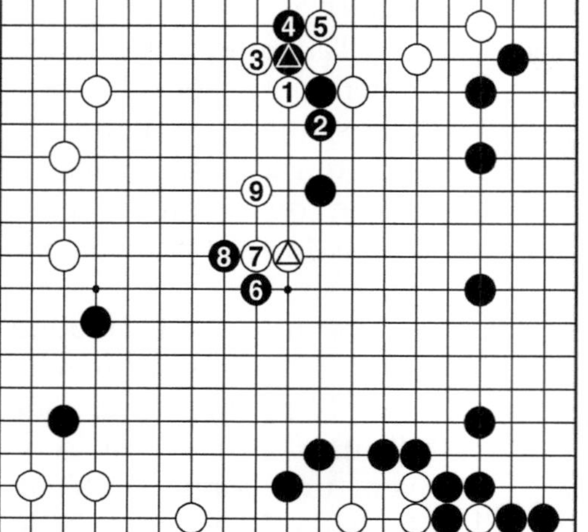

Diag. 6

Diagramme 6

Face au hane noir ▲, si Blanc choisit les coups sévères 1, 3 et 5, que faut-il faire ?

Noir attaque la pierre blanche △ de l'autre côté avec 6 et 8. Après le coup 9...

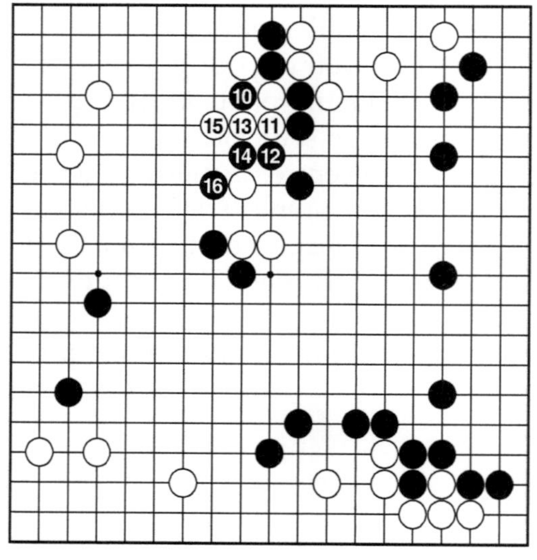

Diag. 7

Diagramme 7

...Noir coupe en 10. Jusqu'au coup 16, Noir a réussi à séparer les groupes blancs et à enfermer les trois pierres blanches au centre.

C'est un simple exemple, mais on voit bien que les coups blancs sont limités à cause de la pierre △ du diag. 6.

Avec cet exemple, on voit bien les effets de « l'attaque en appui ».

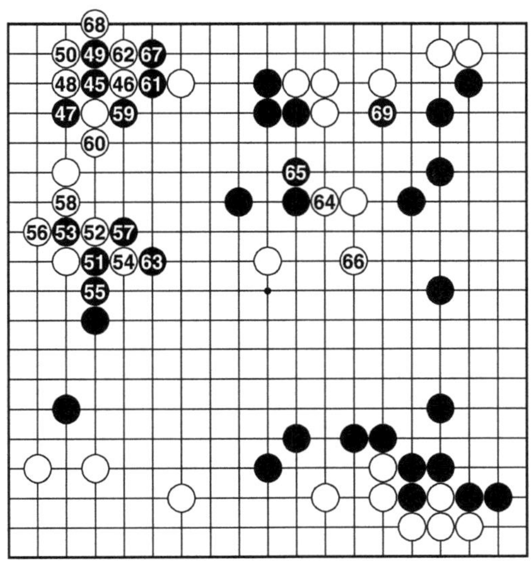

Fig. 5 Coups 45 à 69

Figure 5

Les coups 45 à 63 sont aussi plus ou moins des « attaques en appui ».

Finalement, Noir réussit sa stratégie en capturant la pierre blanche avec son coup 63. Blanc résiste au mieux avec ses coups 64 et 66, mais après le coup noir 63, Blanc ne peut plus se connecter.

Plus tard, Blanc essaiera de vivre au centre. Mais il se fera tuer et Noir gagnera la partie.

Ce qui est intéressant à voir dans cette partie, ce n'est pas la façon dont j'ai tué le groupe blanc, mais comment j'ai préparé mon attaque. Si vous apprenez « l'attaque en appui », vous aurez beaucoup plus de possibilités dans vos attaques.

Résultat : Noir gagne par abandon.

2e partie : RÉFLÉCHISSEZ PAR VOUS-MÊME

Partie à égalité jouée en 1985 entre
Takemiya Masaki, 9e dan professionnel, Noir, et
Cho Chikun, Kisei, Blanc.

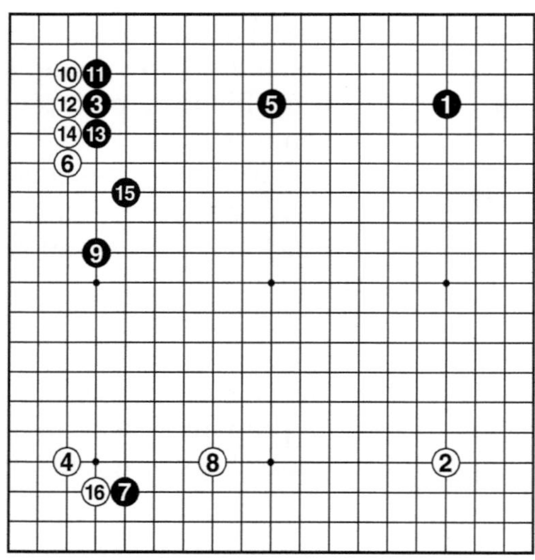

Fig. 1 Coups 1 à 16

Cette partie est encore une partie inoubliable avec M. Cho.

Figure 1

Comme d'habitude, je joue le san-ren-sei pour l'influence sur le centre.

Avec les coups 12-14, Blanc gagne des points. Noir obtient l'influence avec les coups 13-15. Noir peut aussi jouer son coup 15 comme sur le diagramme 1.

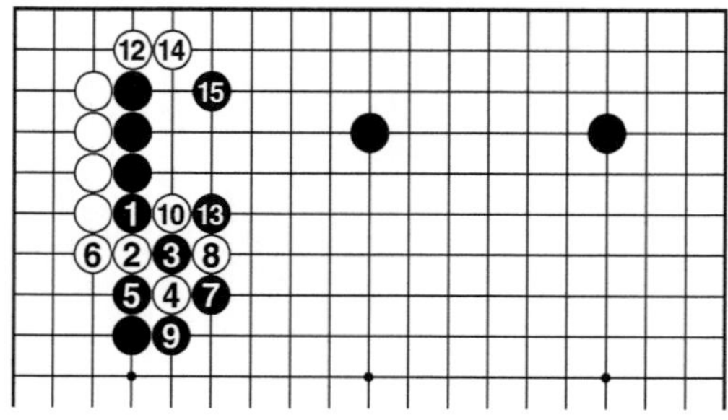

Diag. 1

Diagramme 1

Si Noir joue son coup 15 de la partie en 1 de ce diagramme, Blanc peut gagner quelques points avec ses coups 12 et 14, mais Noir est content d'avoir de l'influence avec ses coups 13 et 15.

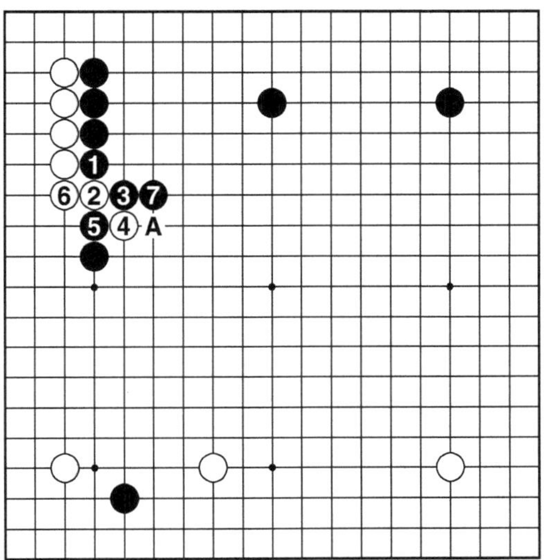

Diag. 2

Diagramme 2

Le nobi noir 7 (au lieu du coup 7 du diagramme 1) est aussi joseki. Pour les points, le coup de ce diagramme est meilleur, mais plus tard Blanc pourra sortir sa pierre 4 en jouant en A. Cette faiblesse est désagréable pour Noir.

Moi, je préfère la séquence du diagramme 1. Est-ce encore un problème de style ?

Après le coup 16 de la partie, comment faut-il jouer ?

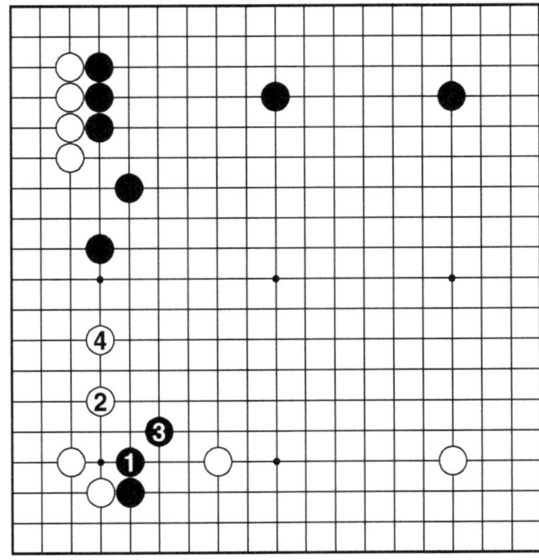

Diag. 3

Diagramme 3

D'après le sens commun (que je déteste), tout le monde jouerait le nobi 1. Dans les livres, on dit qu'il faut jouer ce nobi. Pourtant, ce coup dicté par le sens commun devient mauvais dans cette partie.

Blanc est satisfait de jouer 2 et 4. D'un coup d'œil, je trouve que le groupe noir est lourd. L'acteur principal de cette partie est le san-ren-sei. Si Noir crée un groupe faible et lourd dans le coin sud-ouest, Blanc pourra détruire le moyo en l'attaquant. C'est dangereux.

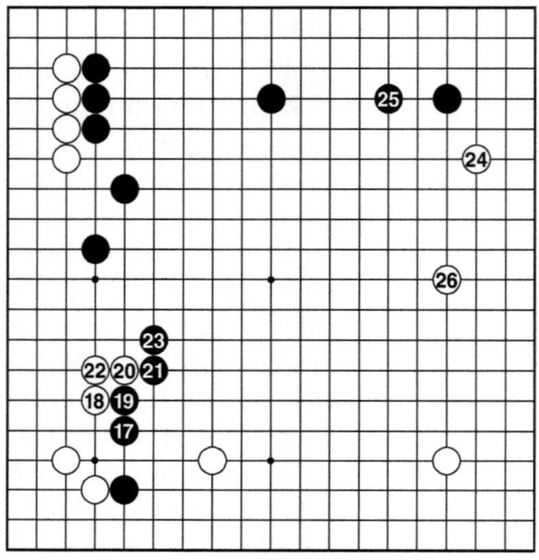
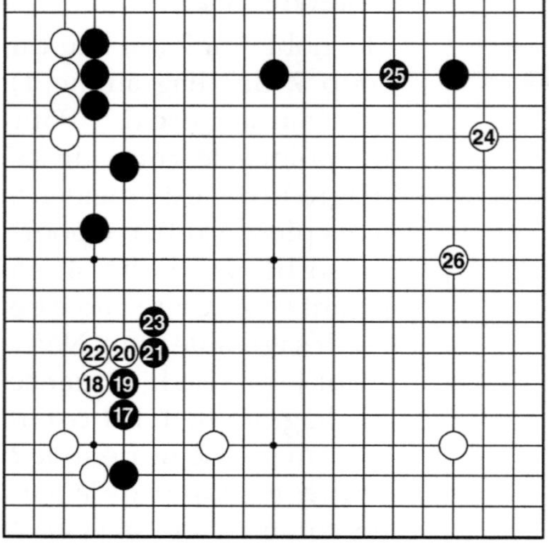

Fig. 2 Coups 17 à 26

Figure 2

J'ai donc joué en 17. Au coup blanc 18, Noir répond en 19 et il obtient ensuite une bonne forme avec les coups 21 et 23. Ce résultat est satisfaisant pour Noir.

Maintenant, Blanc occupe le bord est qui est très gros.

Diag. 4

Diagramme 4

Au lieu du coup 17 de la partie, occuper le bord droit avec les coups 1 et 3 est aussi possible. Même si la pierre ▲ est prise avec le coup blanc 2, ce n'est pas grave. C'est une stratégie de gros moyo très dynamique, fondée sur le san-ren-sei.

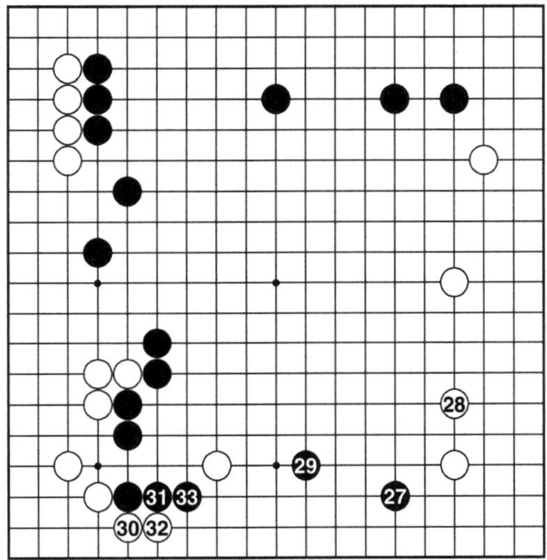

Fig. 3 Coups 27à 33

Figure 3

Si Blanc occupe le bord est, Noir prend le bord sud avec les coups 27 et 29. Mais, en réalité, ces coups 27-29 ne sont pas bons, car Blanc joue immédiatement le kikashi 30-32, et on voit bien que les pierres noires en bas sont surconcentrées.

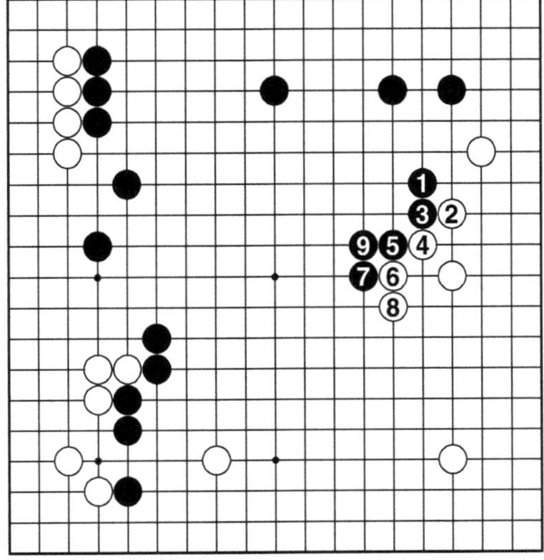

Diag. 5

Diagramme 5

Au lieu du coup noir 27, il serait mieux de développer le moyo avec le coup 1. On peut prévoir la séquence jusqu'à 9.

Dans les parties de moyo, il est souvent préférable d'occuper le centre plutôt que le bord. C'est encore une idée hors du « sens commun ». De toute façon la notion de « sens commun » n'existe pas dans le style cosmique.

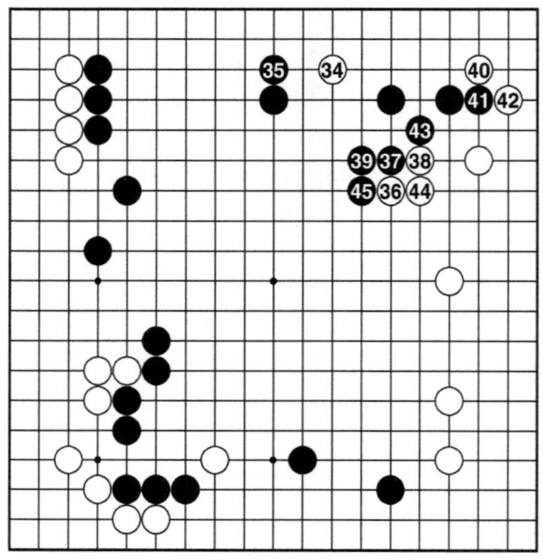

Fig. 4 Coups 34 à 45

Figure 4

Le jeu de go est un jeu de combat entre deux caractères. La partie entre M. Cho et moi-même devient souvent une partie très violente d'attaque et d'invasion.

Comme chacun de nous croit avoir raison, c'est normal.

La partie se termine alors avec l'objectif « tuer un groupe adverse » ou, au contraire, « faire vivre son propre groupe ».

Si nos parties sont si excitantes, c'est peut-être parce que nous jouons des coups qui nous plaisent. J'espère que vous aussi vous jouez des coups qui vous plaisent.

À partir de l'invasion blanche en 34, le combat du chuban se déclenche. M. Cho a pensé qu'il était dangereux de sortir directement sa pierre 34 : il a donc joué le coup 36.

Noir réussit alors à construire un grand territoire, depuis le tsuke 37 jusqu'à son coup 45.

Sans aucun doute, Noir est en avance.

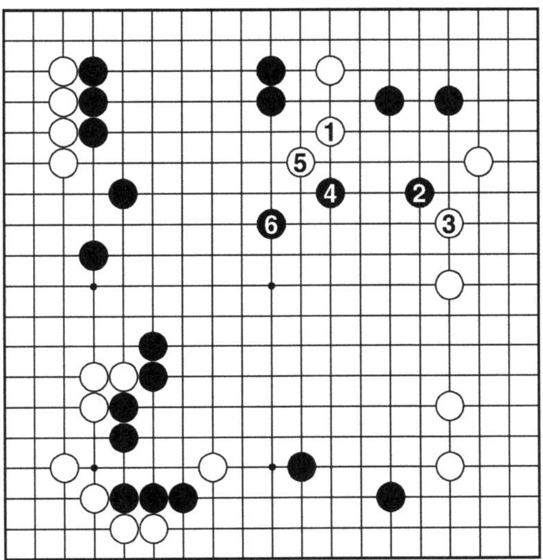

Diag. 6

Diagramme 6

Il y a peut-être des joueurs parmi vous qui se demandent pourquoi Blanc n'essaye pas de sortir sa pierre avec le coup blanc 1. En réalité, c'est un piège tendu par Noir. Blanc ne pourra pas survivre aux attaques noires 2-4-6.

Ou bien, si Blanc joue son coup 3 en 4, Noir est content de détruire la force blanche à l'est. Il est visible que Blanc est mal.

Retournons à la partie : face aux coups blancs 40 et 42, Noir fait tenuki et occupe le centre avec les coups 43 et 45. C'est une idée simple et bonne.

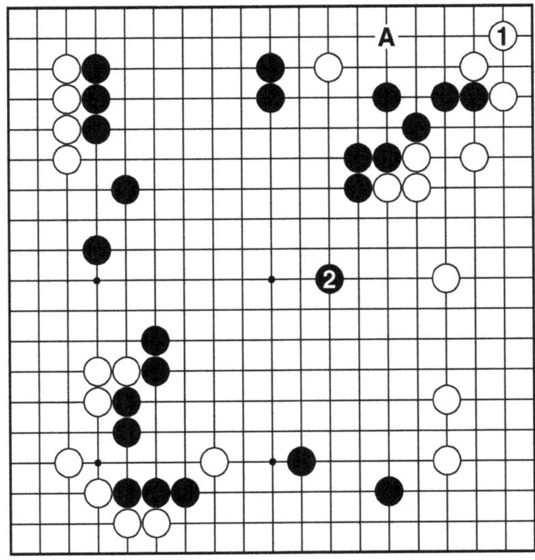

Diag. 7

Diagramme 7

Les joueurs férus de joseki doivent s'inquiéter du coup blanc 1. Mais Noir peut alors faire tenuki et occuper le centre avec le coup 2.

C'est vrai que, plus tard, Blanc aura un gros coup de yose, en A. Mais prenons une vision globale : par rapport au centre, le coin nord-est vous semble-t-il gros ?

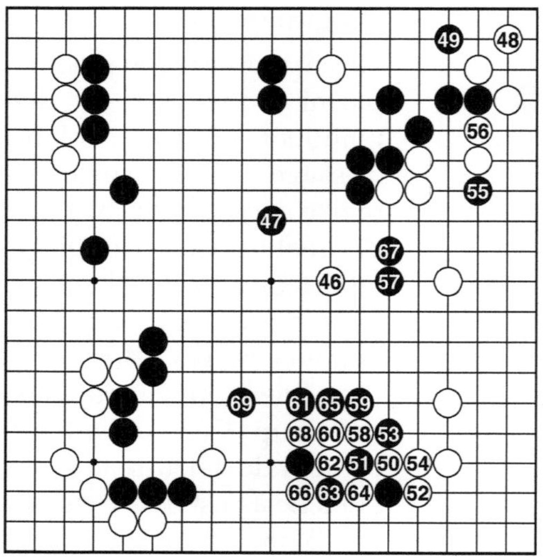

Fig. 5 Coups 46 à 69

Figure 5

Le coup 47 est trop mou et trop lent. J'essaye pourtant de jouer des coups qui me plaisent, sans penser au résultat de la partie. Mais quand l'envie de gagner devient plus forte je peux jouer des coups nuls, comme le coup 47.

Dans ce cas, le tobi en 53 (au lieu du coup 47) est beaucoup plus dynamique, particulièrement avec mon style. Si je ne pense qu'à gagner, je ne pourrai jamais jouer de belles parties.

Blanc joue immédiatement les coups 50 et 52, et la partie devient plus difficile pour Noir.

Pourtant, face à la coupe de Blanc en 58, le tesuji dynamique 59-61 m'a permis de faire un gros territoire. La partie est maintenant extrêmement serrée.

Dans le jeu de go, le sens commun n'existe pas. Il ne faut pas être obsédé par les joseki, mais il faut réfléchir par soi-même. Le tobi noir 17 de cette partie en est un bon exemple.

Résultat : Blanc gagne par abandon.

3e partie : GRANDE PERSPECTIVE DU SAN-REN-SEI

Partie à égalité jouée en 1990 entre
Takemiya Masaki, 9e dan professionnel, Noir, et
Cho Chikun, Judan, Blanc.

Encore une partie contre M. Cho. Cette partie révèle mon rêve central.

Figure 1

Le coup noir 9 n'est pas une erreur d'impression ! Ce coup vise le boshi 11. J'ai joué ce coup immédiatement, sans réfléchir, intuitivement. Dans le magazine de go « Kido », ce coup a été présenté comme un coup nouveau, sans précédent.

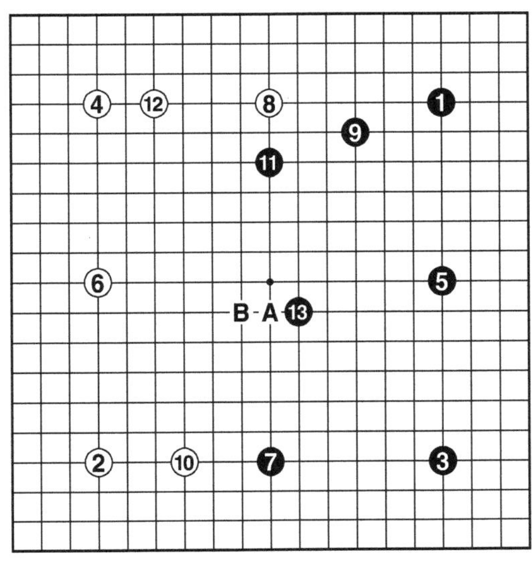

Fig. 1 Coups 1 à 13

Pourtant, pour moi, c'était un coup très naturel.

Mais j'aurais dû jouer mon coup 13 en A ou en B. Cela aurait été encore plus dynamique.

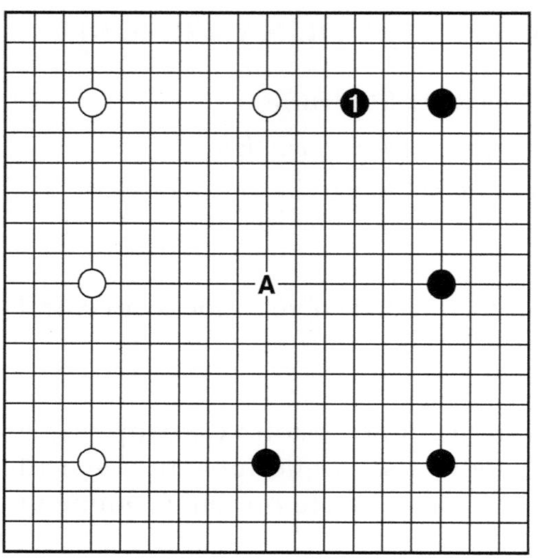

Diag. 1

Diagramme 1

D'habitude, Noir joue en 1 ou en A. Bien sûr, ce serait une autre partie. Mais avec ce coup 1, il n'y a pas de suite intéressante pour Noir.

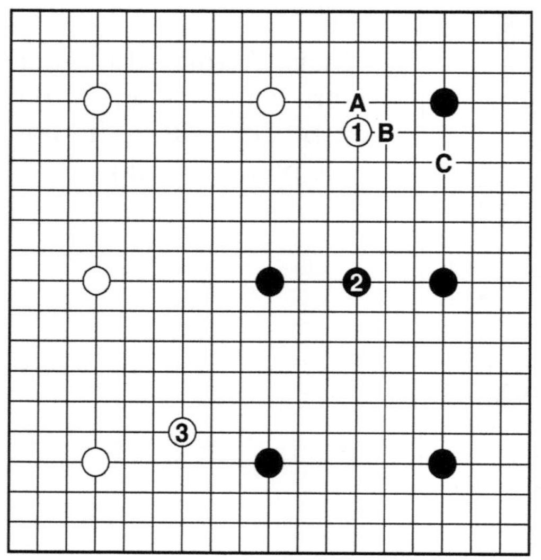

Diag. 2

Diagramme 2

En fait, dans une autre partie contre Maître Fujisawa Shuko, j'avais joué le coup blanc 1 et cela avait choqué des spectateurs.

Si j'avais joué le coup normal en A, vu le style de Maître Shuko, il aurait sûrement joué en B. C'est pour cela que j'ai joué en 1.

Le Maître aussi a préféré occuper le centre avec son coup 2, au lieu de la réponse normale en C.

Pour moi, j'étais content d'avoir une partie originale ; et j'ai encore joué un autre coup qui a surpris, en 3.

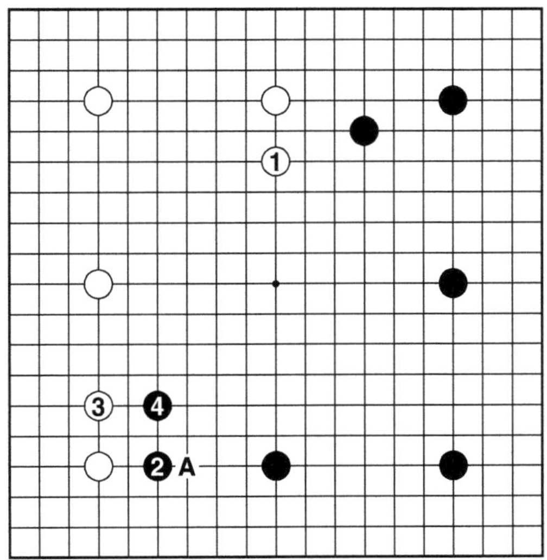

Diag. 3

Diagramme 3

Revenons à la partie avec M. Cho. Blanc aurait pu jouer le tobi 1 afin d'éviter le boshi. Mais prendre du territoire avec A en laissant l'adversaire construire un gros moyo au centre, est tout à fait le style de M. Cho.

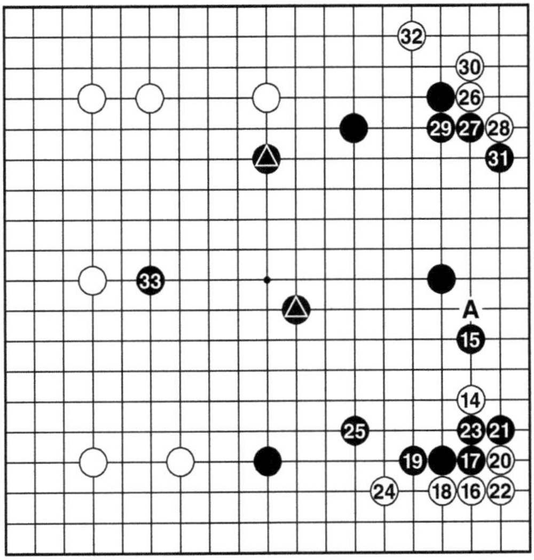

Fig. 2 Coups 14 à 33

Figure 2

Si on parle des coups hors du « sens commun », on peut dire que la pince 15 face au kikashi blanc 14 en est un bon exemple. Dans les livres, il est écrit que le coup 15 est trop lent, à cause du san-san blanc 16.

Mais moi, j'ai pensé que c'était la bonne manière de faire travailler les trois pierres ▲.

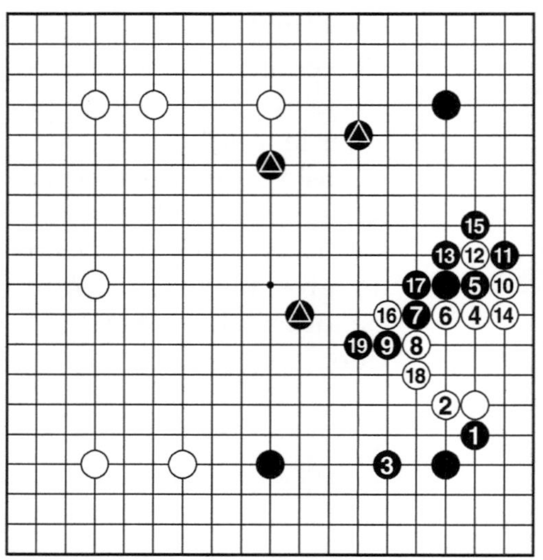

Diag. 4

Diagramme 4

Le kosumi-tsuke noir 1 qui est conseillé dans les livres n'est pas bon. Car Blanc peut, par exemple, jouer des coups sabaki de 4 à 12. Après le coup noir 19, vous voyez bien que les pierres noires ▲ ne travaillent pas du tout. Le coup noir 1 est bien trop lent !

Dans la partie, les pierres noires ▲ me paraissent très vives. C'est justement grâce au coup 15. Blanc envahit ensuite le coin nord-est avec les coups 26 à 32, mais je me sentais bien après le boshi 33. Avec la même séquence, le coup 15 serait d'ailleurs encore mieux en A.

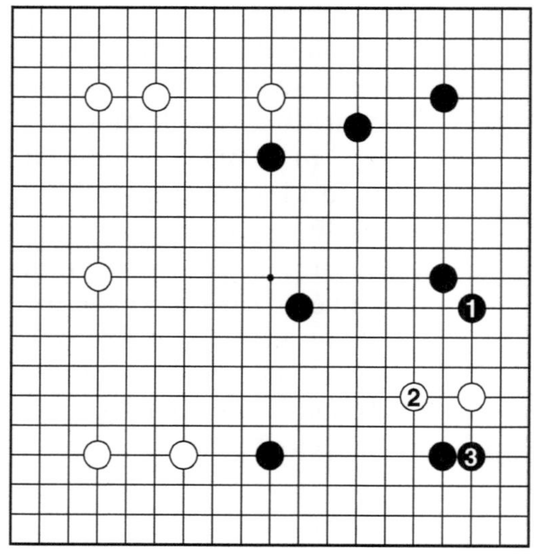

Diag. 5

Diagramme 5

Voici une autre partie que j'ai jouée récemment avec M. Cho.

Face au kakari blanc, j'ai répondu avec le kosumi 1. Comme M. Cho ne voulait pas prendre le coin en jouant au san-san, il a joué le tobi 2.

Après le coup noir 3 qui enlève la base de vie à

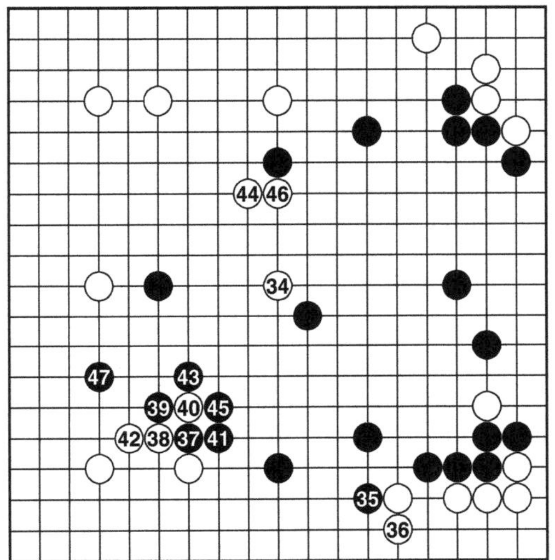

Fig. 3 Coups 34 à 47

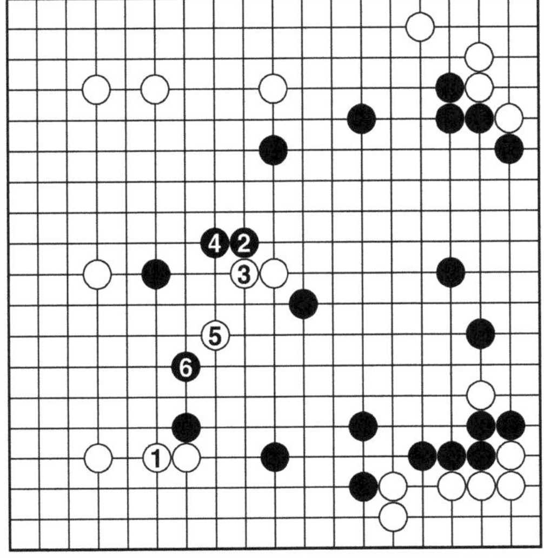

Diag. 6

Blanc, nous sommes entrés dans un combat très difficile.

Je vous le répète encore une fois : ne croyez pas au sens commun ni, aveuglément, aux joseki. Les joseki ne marchent pas toujours. C'est en votre intuition qu'il faut croire !

Figure 3

Enfin, Blanc vient envahir le moyo avec le coup 34. Comment Noir doit-il y répondre ? Ici, c'est « l'attaque en appui » qui est le bon choix. Le tsuke noir 37 est une technique souvent utilisée pour l'attaque en appui. Alors que Blanc se renforce au centre avec les coups 44 et 46, le ponnuki noir créé par le coup 45 est une forme très solide ; et avec le coup 47, Noir est content.

Diagramme 6

Face au tsuke noir 37, répondre en 1 serait dangereux pour Blanc. Noir enfermerait la pierre blanche avec les coups 2 à 6.

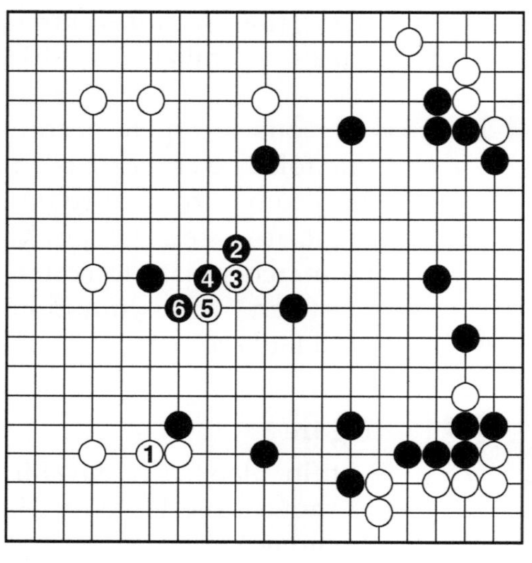

Diag. 7

Diagramme 7

Sinon, au lieu du nobi 4 dans le diagramme précédent, le double hane 4-6 serait encore plus sévère.

Comment trouvez-vous cette partie ? J'ai toujours envie de jouer des parties qui vous fascinent. M. Nagashima, au base-ball, et M. Osaki Shoji, au golf, sont populaires parce qu'ils essayent de jouer de façon très dynamique, hors du sens commun. Cela fascine les gens.

Moi aussi, je dois faire des efforts : en respectant la beauté du go, j'essaye de jouer des coups qui vous émeuvent. Le résultat de la partie est alors plutôt secondaire, n'est-ce pas ?

Résultat : Noir gagne par abandon.

4e partie : LE SAN-REN-SEI FLEXIBLE

Partie à égalité, jouée en 1990 entre Takemiya Masaki, 9e dan professionnel, Noir, et Cho Hun Nyon, 9e dan professionnel, Blanc.

« Quand j'essaye de faire un gros moyo, mon adversaire m'en empêche. » On entend souvent ce genre de remarque.

Je vous le dis sans cesse : le style cosmique est un style naturel. Quand mon adversaire cherche à faire du territoire, mes pierres se dirigent naturellement vers le centre. Mais si mon adversaire s'intéresse lui aussi au centre, il faut que je sois flexible et que je sache comment répondre ; cela fait partie du style cosmique.

Cette partie est un bon exemple de ce genre de problème.

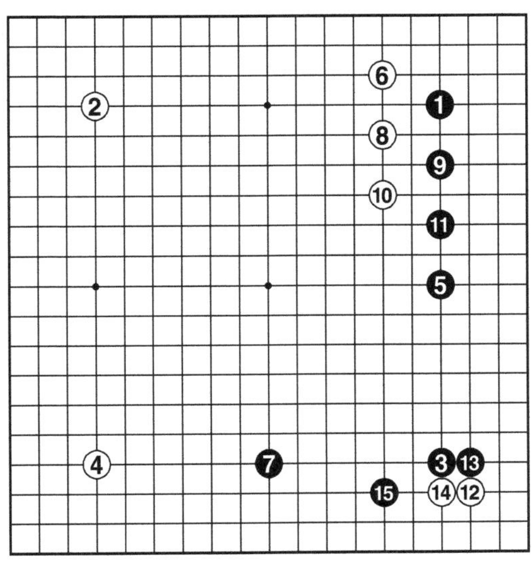

Fig. 1 Coups 1 à 15

Figure 1

Face au kakari blanc 6, je fais tenuki et je joue le « yon-ren-sei » (quatre hoshi) avec le coup 7. Ici M. Cho a choisi de contrer le san-ren-sei en jouant les deux tobi 8 et 10, empêchant Noir de faire un gros moyo.

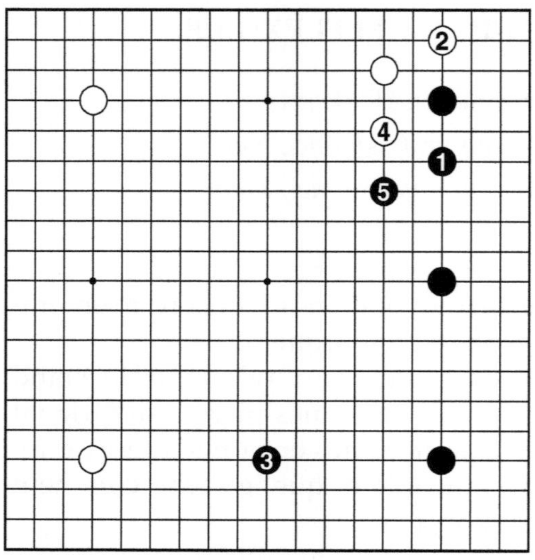

Diag. 1

Diagramme 1

Pour éviter cela, Noir aurait pu d'abord répondre en 1 (au lieu du coup 7 de la partie) et, après Blanc 2, prendre le quatrième hoshi avec le coup 3.

Pour Blanc, les coups 8 et 10 de la partie sont mieux placés que les coups 2 et 4 de ce diagramme.

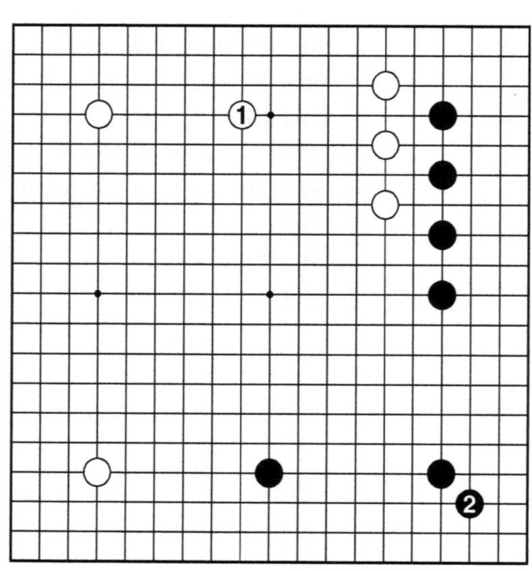

Diag. 2

Le coup blanc 12 de la partie est bien dans le style de M. Cho : d'abord limiter le moyo noir, puis prendre du territoire.

Diagramme 2

Mais faire une extension en 1 est plus habituel et plus tranquille. Pour moi, jouer en 2 ou bien ailleurs est une question difficile.

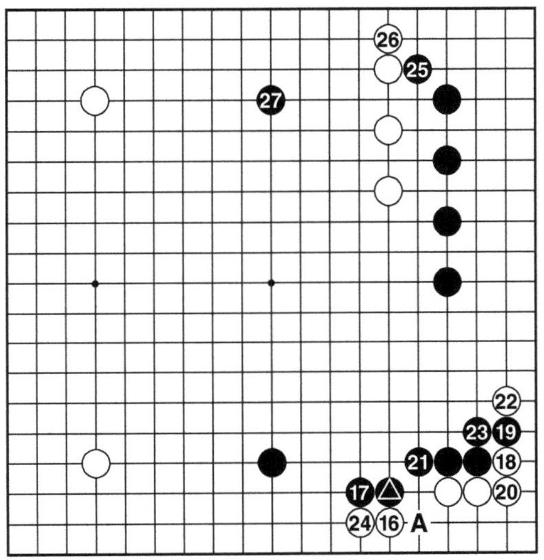

Fig. 2 Coups 16 à 27

Figure 2

Le coup noir 15 de la partie (▲) est un coup qu'on voit rarement. Mais vous n'avez pas besoin de l'apprendre par cœur. J'ai simplement joué ce coup pour prendre le sente.

Jusqu'au coup 23, tous les coups sont joués dans ce but. Par exemple,...

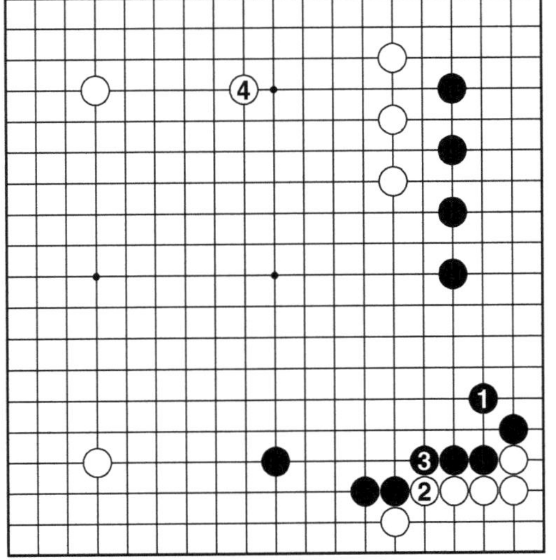

Diag. 3

Diagramme 3

...si j'avais connecté en 1, Blanc aurait joué le kikashi 2 et il aurait ensuite pris la bonne extension en 4.

Dans la partie, Blanc n'est pas obligé de jouer le coup 24. Mais sans ce coup, Noir peut jouer en A et prendre la pierre 16 : la position devient alors pénible pour Blanc et sa pénétration au san-san dans ce coin n'aurait plus de justification.

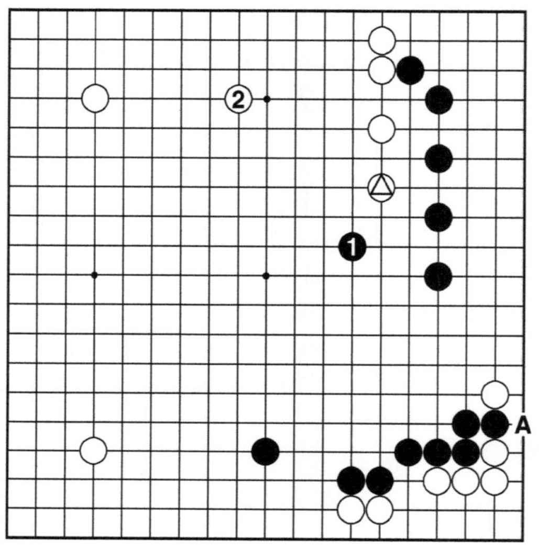

Diag. 4

Diagramme 4

Si j'ai joué le san-ren-sei, c'est bien pour développer l'influence centrale, et le coup 1 de ce diagramme paraît naturel.

En réalité, cette idée n'est pas bonne du tout !!! La zone du bord, à droite, est un endroit déjà limité par le tobi blanc ⃤. Développer cette zone n'est donc pas une idée naturelle.

Blanc serait alors content de jouer en 2. Avec un moyo si petit, vous ne feriez pas peur à votre adversaire. Blanc peut l'envahir très facilement en A.

Alors, où se trouve le coup naturel dans cette situation ?

Il faut regarder le bord nord, où Blanc n'a pas encore fait son extension face à son mur.

C'est le coup noir 27 de la partie qui est le coup important, absolument nécesaire !

La déception de laisser tomber le moyo initialement visé avec le san-ren-sei peut être compensée largement par l'attaque des pierres blanches. Il faut avoir un bon « feeling » ; et, surtout, il faut être flexible, n'est-ce pas ?

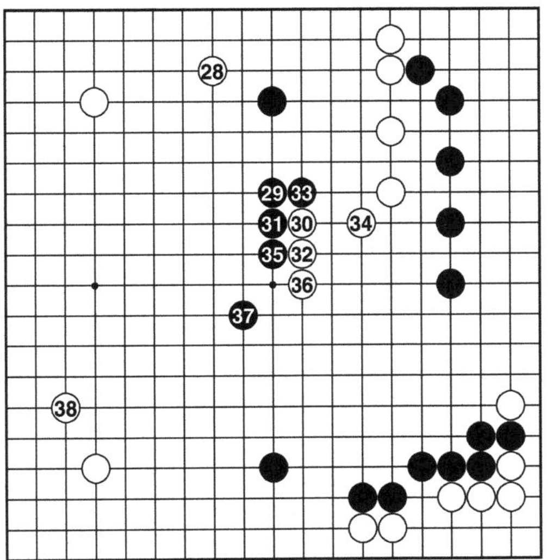

Fig. 3 Coups 28 à 38

Figure 3

Face au coup blanc 28, je joue le niken tobi 29 et je commence à voir la structure de cette partie. En attaquant le groupe blanc du nord-est, je devrais être en avance. Si je continue à attaquer simplement, le territoire viendra tout seul.

Le coup blanc 30 m'a fait plaisir. J'ai poussé une fois en 31 puis j'ai joué le magari 33 et je me suis senti vraiment en pleine forme.

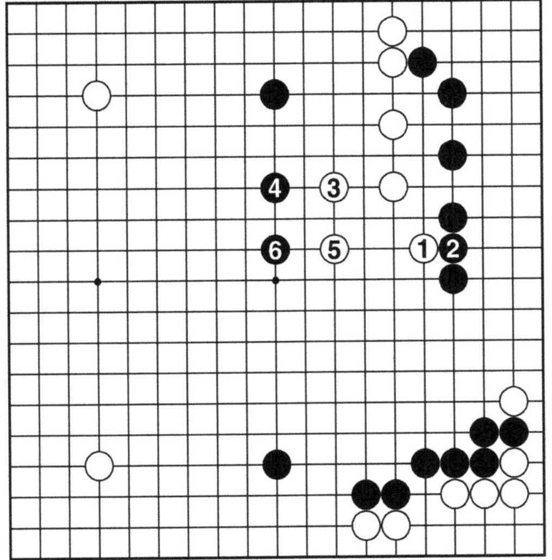

Diag. 5

Diagramme 5

Au lieu du coup 30 de la partie, Blanc aurait pu jouer le nozoki 1, puis prendre une bonne forme avec les coups 3 et 5. C'est une idée très intéressante. En fait, c'est une idée de Maître Fujisawa Shuko, pour qui j'ai le plus grand respect.

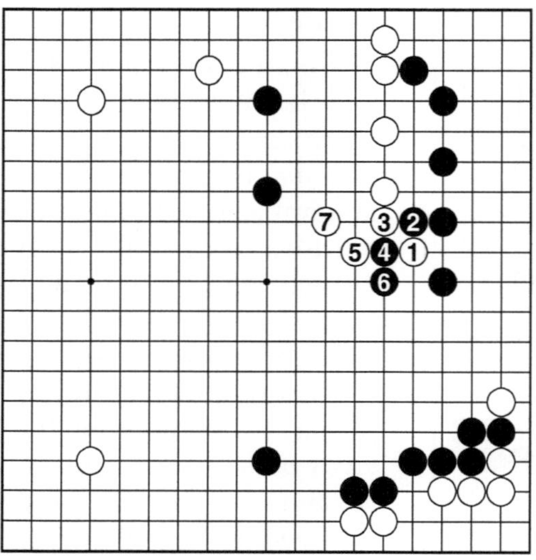

Diag. 6

Diagramme 6

Après le nozoki blanc 1, si Noir coupe avec 2 et 4, Blanc prend une bonne forme avec 5 et 7. À ce nozoki, je répondrais sans réfléchir en connectant.

Dans la partie, en sortant vers le centre avec les coups 35 et 37, je continue à attaquer et je me sens très bien.

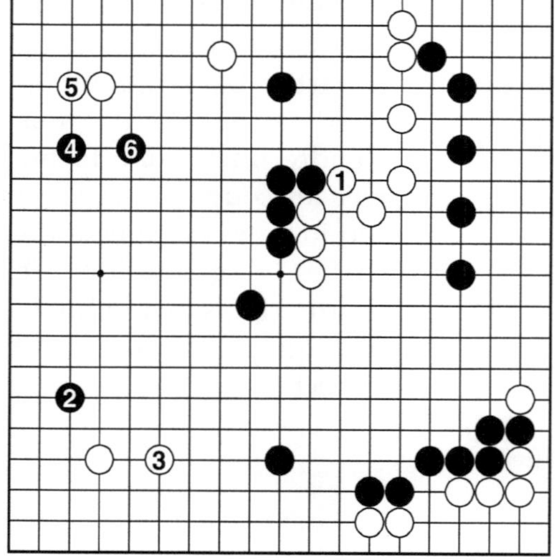

Diag. 7

Diagramme 7

Si, au lieu du coup 38 de la partie, Blanc joue le coup 1, Noir construit un moyo à grande échelle avec les coups 2, 4 et 6.

C'est un moyo qui n'était pas prévisible au début de la partie, mais qui apparaît grâce à l'attaque.

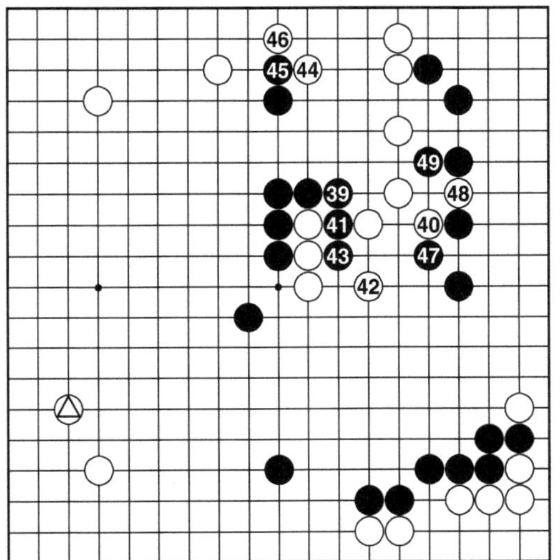

Fig. 4 Coups 39 à 49

Figure 4

Grâce au coup 38 (△), Blanc a pris du territoire, mais ne vous inquiétez pas : Noir va le récupérer largement grâce à son attaque menée à partir de son coup 39.

Malgré le coup blanc 40, Noir sort sans réfléchir avec les coups 41 et 43. Je crois bien qu'il y a des professionnels qui comptent les territoires à ce stade de la partie. Avec le style cosmique, je fais plus confiance à ce que je sens qu'au calcul.

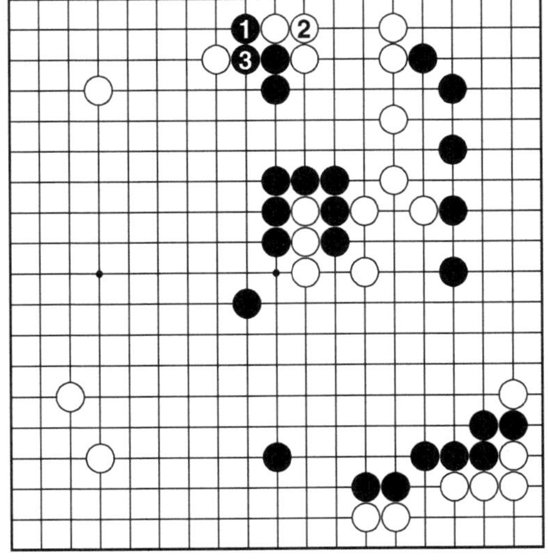

Diag. 8

Diagramme 8

Face aux coups blancs 44 et 46, j'ai tout d'abord pensé jouer les coups simples 1 et 3. En fait, ces coups ne sont pas mauvais. Mais apparemment, j'avais l'esprit combatif (le kiai) et j'ai joué les coups 47 et 49 qui sont les plus sévères dans cette situation. On m'a dit que beaucoup de gens étaient étonnés par le coup 49.

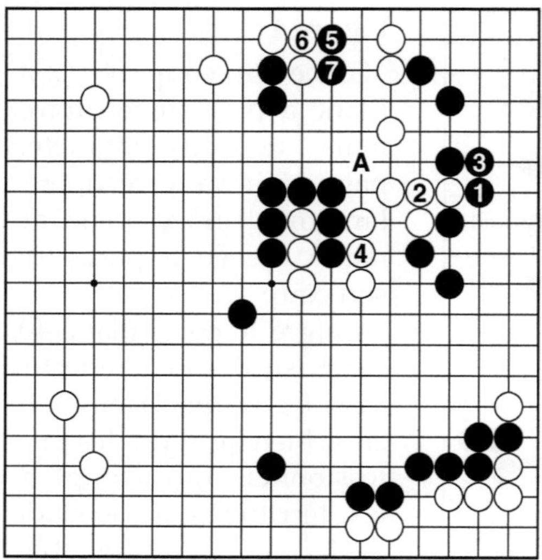

Diag. 9

Diagramme 9

C'est vrai que répondre simplement en 1 et 3 est correct. À cause du kikashi en A, le coup 5 aussi marche bien.

Mais j'ai changé d'idée au cours de la partie.

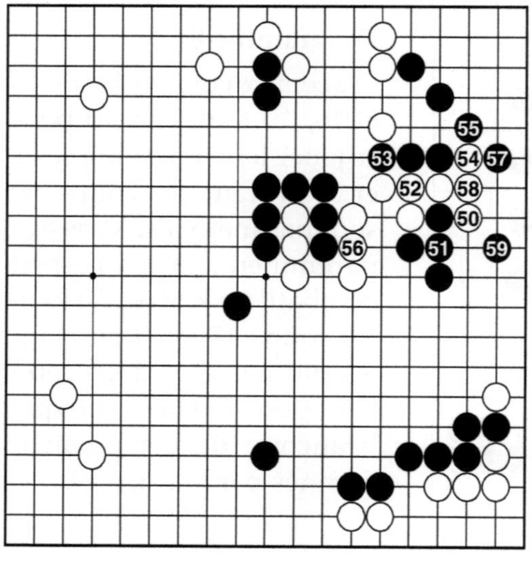

Fig. 5 Coups 50 à 59

Figure 5

Jusqu'au coup 53, Noir a réussi à séparer le groupe blanc en deux. Je trouve que mon choix est plus dynamique que ceux des diagrammes précédents. Mais je ne cherche pas à tuer...

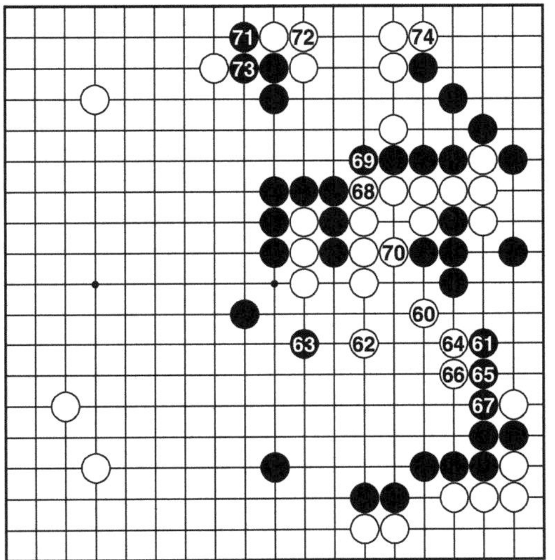

Fig. 6 Coups 60 à 73

Figure 6

Oh, là, là ! Blanc a réussi à vivre !

Même en voyant la suite de la partie, beaucoup de joueurs pensent que le résultat est bon pour Blanc.

Même M. Cho a pensé, en jouant ses coups, que c'était une bonne chose pour Blanc, donc normal.

Pourtant je trouve la séquence très pénible pour Blanc. Quand il y a encore autant de coups intéressants sur le goban, je ne peux pas supporter de vivre avec deux petits yeux, comme l'a fait Blanc.

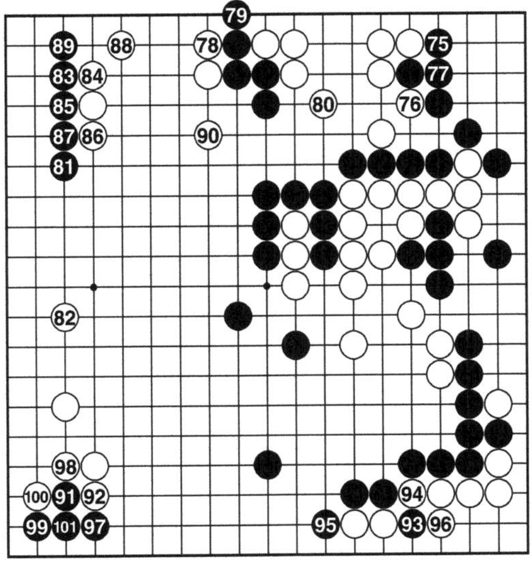

Fig. 7 Coups 74 à 101

Figure 7

Donc, quand Blanc vit tout petit avec le coup 80, j'étais très content pour Noir. Dans cette position, ce n'est pas la peine de compter : au niveau de la forme, Noir est en avance.

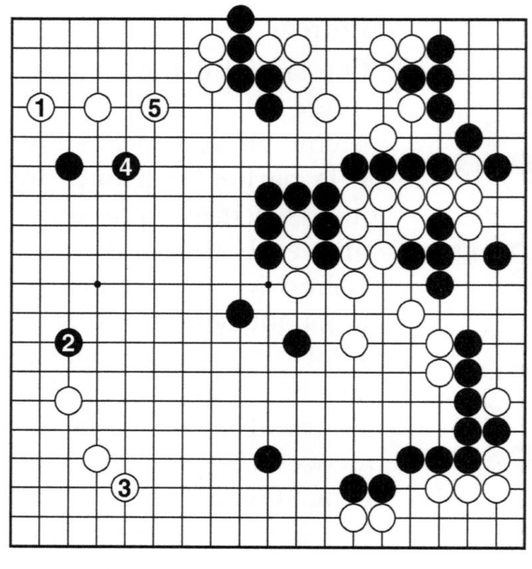

Diag. 10

Diagramme 10

Pour le coup blanc 82 de la partie, il serait préférable de jouer le tobi 1. La suite jusqu'à 5 est prévisible. Par rapport à la partie, ce diagramme est moins favorable à Noir.

Dans la partie, Noir envahit le coin en sente avec le coup 83 et il joue aussi le san-san 91. Noir est très en avance.

Les joueurs frileux qui ne veulent faire confiance qu'aux chiffres peuvent bien compter : ils verront le résultat.

Si votre adversaire porte une attention prioritaire au centre, j'espère que vous serez capable de vous dire : « ah bon, mais cela m'est égal », de rester détendu et de vous adapter en souplesse. Si vous adoptez le style cosmique et si votre adversaire vous empêche de faire un moyo au centre, vous ne devez pas perdre toutes vos parties. Je ne pense pas que le style cosmique soit aussi nul que cela...

Résultat : Noir gagne la partie de 3,5 points.

5e partie : « PETIT BRAS » OU « GROS BRAS »

Partie à égalité, jouée en 1993, entre
Takemiya Masaki, Judan, Noir, et
Kobayashi Koichi, Kisei, Blanc.

Bien qu'il ait aussi un style territorial, M. Kobayashi a un style différent de celui de M. Cho Chikun. M. Cho laisse d'abord le moyo se développer, et ensuite il l'envahit. Par contre, M. Kobayashi vient envahir le moyo très tôt. C'est un joueur qui joue des coups très précis.

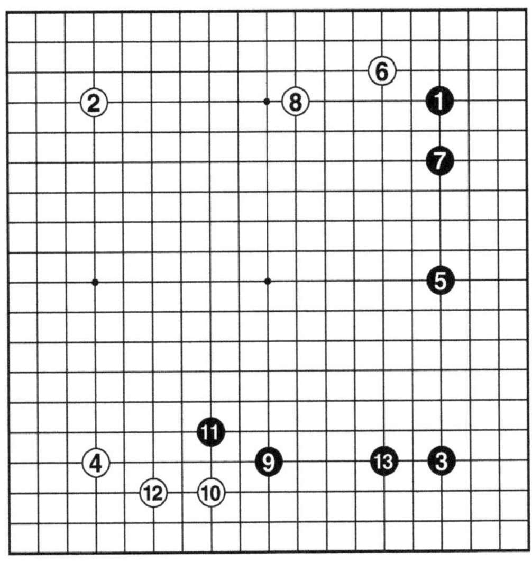

Fig. 1 Coups 1 à 13

Figure 1

Le coup blanc 8 est la stratégie de M. Kobayashi contre le san-ren-sei.

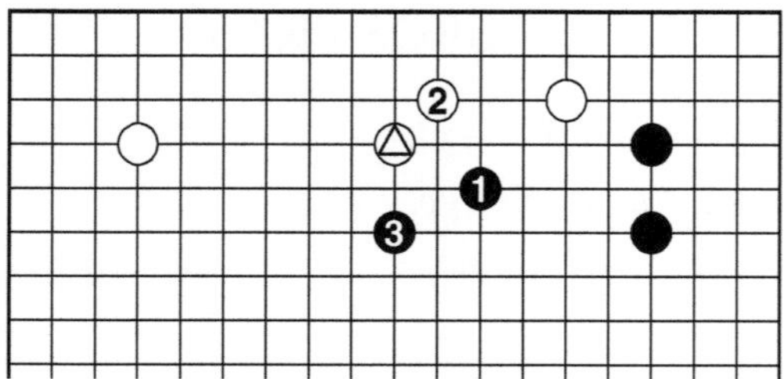

Diag. 1

Diagramme 1

D'habitude, Blanc joue le hoshi △. Mais plus tard, Noir peut agrandir son moyo avec 1 et 3. C'est pour cela que Blanc joue une case plus à droite. Mais le coup blanc 8 a aussi ses faiblesses.

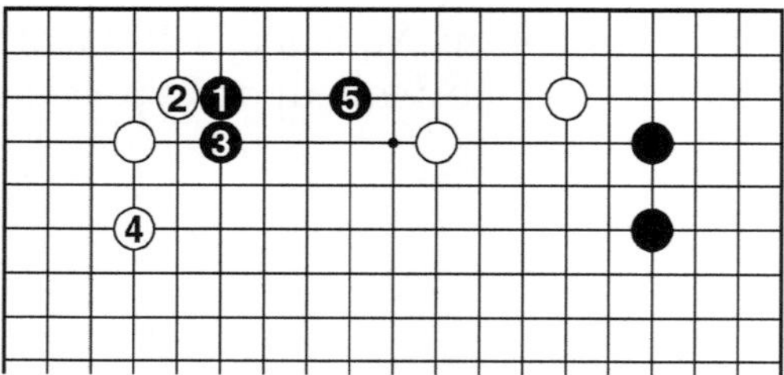

Diag. 2

Diagramme 2

Voilà un mode d'invasion facile de la zone blanche (de 1 à 5). Bien sûr, on ne peut pas dire clairement si ce choix est bon.

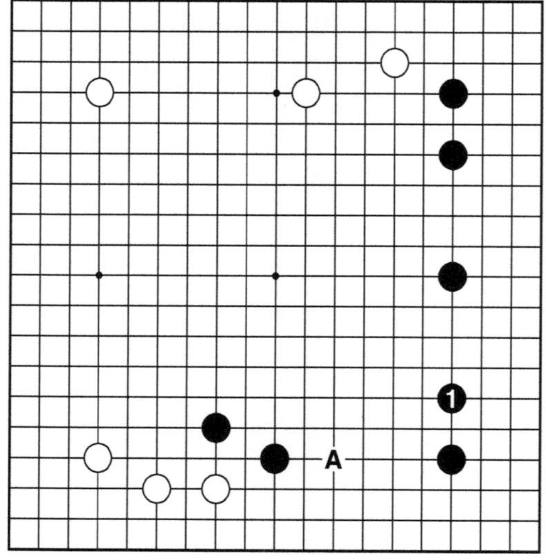

Diag. 3

Diagramme 3

J'ai beaucoup réfléchi pour le coup noir 13 de la partie. D'habitude, on fait le shimari noir 1, de l'autre côté.

Ensuite, le combat se déclenche si Blanc envahit en A. C'est ce que l'on voit souvent dans les parties.

Par contre, j'ai changé de direction en 13. Si on me demande pourquoi, je ne peux pas répondre.

J'en avais envie, tout simplement.

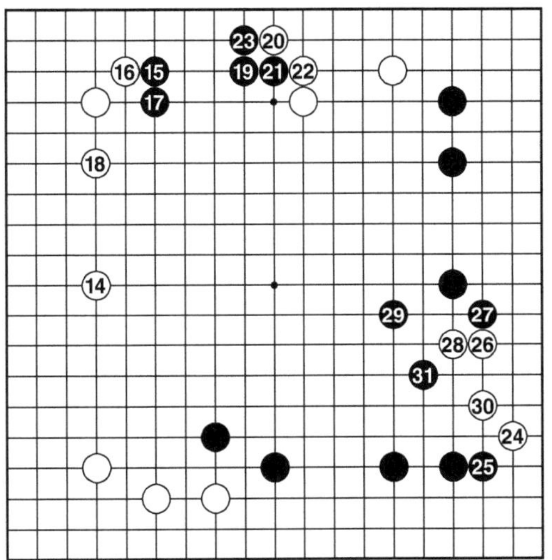

Fig. 2 Coups 14 à 31

Figure 2 – Diagramme 4

Comme je vous l'ai dit à la page précédente, le coup noir 15 vise la faiblesse blanche à cause du coup 8.

L'invasion en 24 montre le style de M. Kobayashi. Si j'étais à sa place, je jouerais tout tranquillement en 1 du diagramme 4.

Le coup 25 de la partie est normal, mais 27 et 29 sont des coups assez éloignés de mon style.

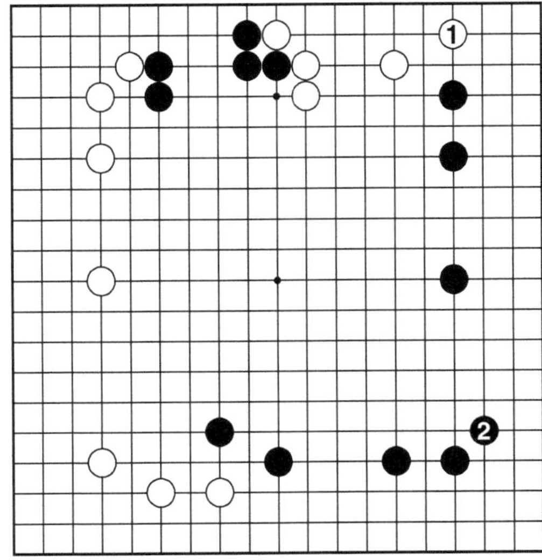

Diag. 4

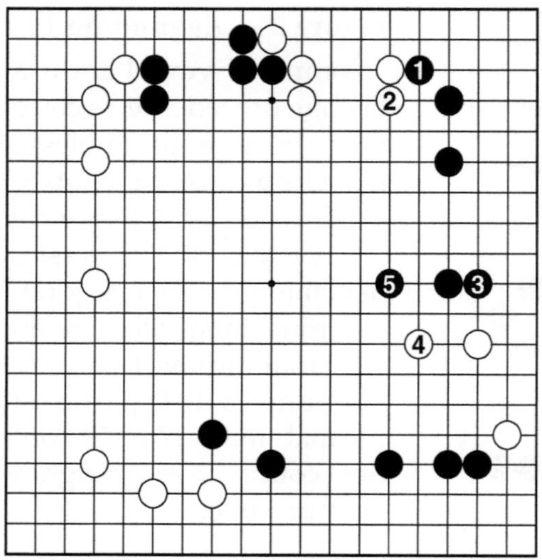

Diag. 5

Diagramme 5

Jouer tranquillement les coups de 1 à 5 serait plus dans mon style.

Dans la partie, j'ai peut-être joué les coups très sévères 27 et 29 (et qui ne sont pas dans mon style) parce que j'avais l'esprit trop combatif. Je dois encore les étudier.

Le coup blanc 30 et le coup noir 31 sont très importants.

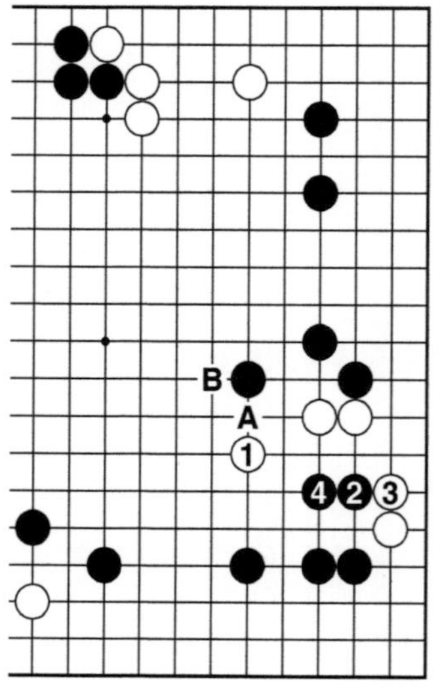

Diag. 6

Diagramme 6

Si Blanc joue 1, Noir joue 2, Blanc 3 et Noir 4. La pierre blanche 1 est alors mal placée. Au lieu de jouer 1, jouer le tsuke en A n'est pas bon : Noir joue alors simplement le nobi en B.

C'est pour cela que Blanc joue le kosumi 30 de la partie, suivi du keima noir 31.

Si on voit les choses ainsi, on constate que la lecture approfondie des séquences n'est pas vraiment nécessaire au go.

À partir du moment où vous apprenez les formes, vous serez capable de dire que le diagramme 6 est mauvais pour Blanc. Et pour apprendre les formes, il faut que votre intuition soit bien entraînée.

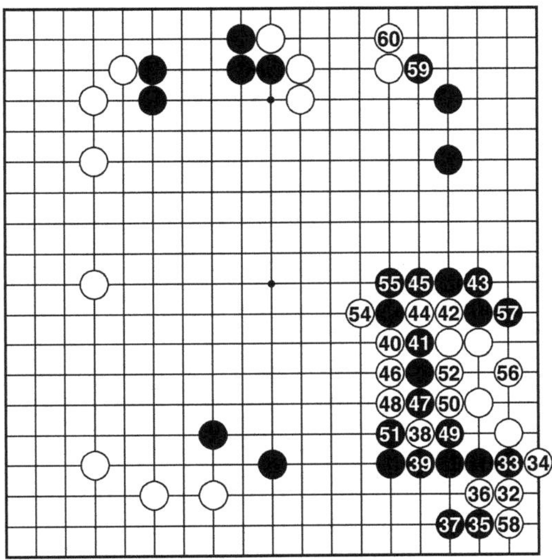

Fig. 3 Coups 32 à 60
Coup 53 en 38

Figure 3

Je n'avais pas prévu le coup 32. L'idée qui préside à ce coup est sans doute: « de toute façon, il faut vivre ; donc il vaut mieux vivre en envahissant le plus possible le territoire adverse ».

Mais à cause du coup 32, Blanc perd lui-même la possibilité de faire deux yeux (voir les coups 33 et 35). En tout cas, c'est un coup que je ne peux même pas imaginer.

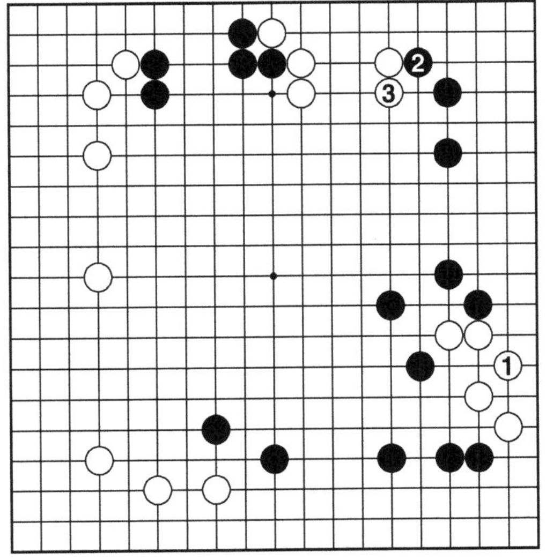

Diag. 7

Diagramme 7

Si j'étais à la place de Blanc, je vivrais tranquillement avec 1. Ensuite Noir ferait le kikashi 2, et c'est alors seulement que je me poserais la question : comment faut-il jouer ?

Regardez la suite de la partie. Blanc a enfin réussi à vivre avec le coup 58 de la partie, mais Noir gagne une grosse influence. Comment jugez-vous cette séquence ?

Moi, je trouve que Noir est largement en avance.

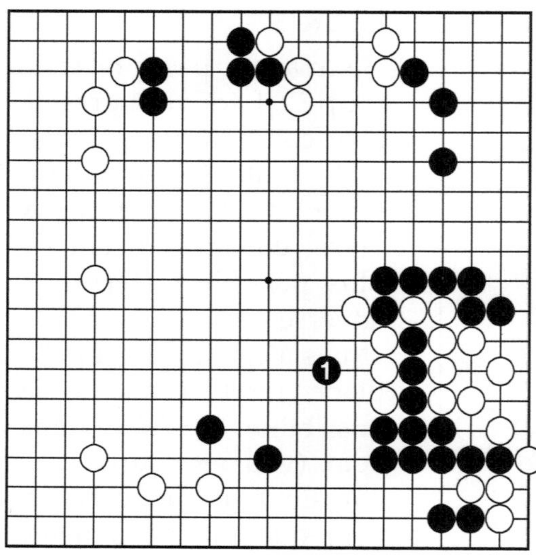

Diag. 8

Diagramme 8

Après l'échange 59-60 de la partie, ce qui vous vient à l'esprit en premier, c'est sans doute de capturer les pierres blanches du centre avec le coup 1 de ce diagramme. Mais le profit de Noir est alors très petit et son influence va se réduire comme une peau de chagrin. Il ne faut pas jouer « petit bras ».

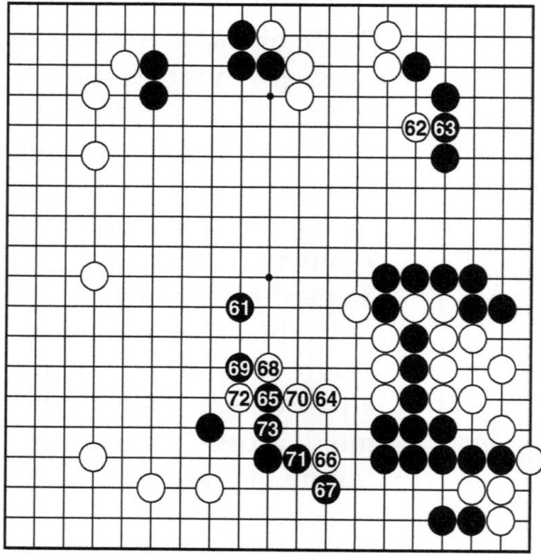

Fig. 4 Coups 61 à 73

Figure 4

Voici le coup noir 61 Sentez-vous l'ampleur de coup ? Ce coup semble dire : « vivez s'il vous plaît, sinon je prends tout ». Ce qui est le plus important, c'est la grandeur.

Une des stratégies qui ne marchent pas, dans les parties de moyo, c'est d'essayer de tuer des groupes à tout prix; l'adversaire les sacrifie tout simplement.

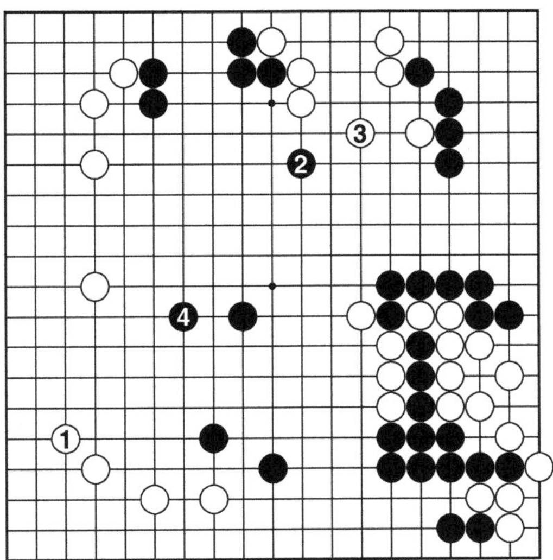

Diag. 9

Diagramme 9

Si Blanc ne sauve pas ses pierres, Noir continue de développer son influence centrale avec 2 et 4.

Blanc est donc obligé de les sauver et la stratégie de Noir est de renforcer son avance en les attaquant.

Ce qui est important, ici, c'est d'abandonner l'idée de tuer absolument.

Si vous pouviez vous décontracter et vous dire « même en le laissant vivre, si je peux gagner quelque chose ailleurs en attaquant, c'est suffisant », vous changeriez déjà de point de vue sur le go. Cependant, alors que je parle comme un grand maître, je joue aussi un coup laissant un mauvais aji : le coup 65.

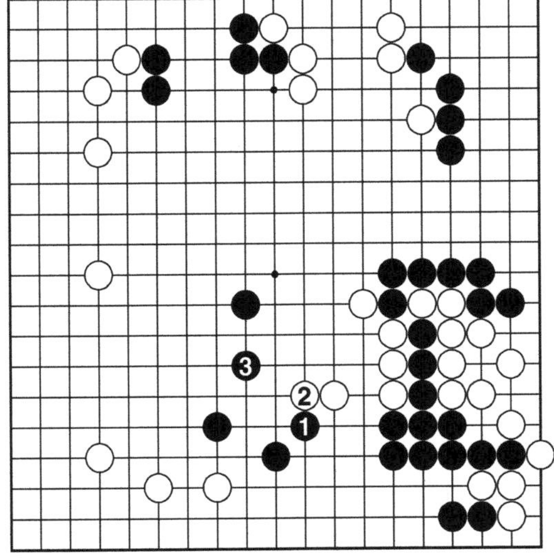

Diag. 10

Diagramme 10

Au lieu du coup 65 de la partie, le kosumi 1, suivi de 3, était meilleur.

Cependant, même avec le coup 65 de la partie, Blanc est toujours en difficulté.

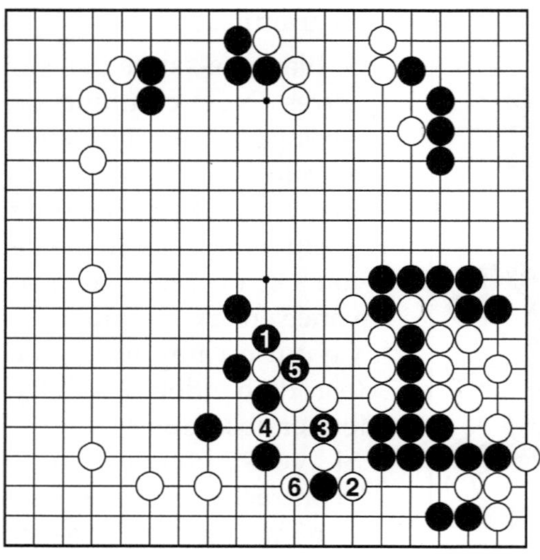

Diag. 11

Diagramme 11

Le but des coups 68 et 70 de la partie est d'empêcher Noir de jouer 1, sous peine de détruire son territoire du bas avec les coups 2, 4 et 6.

Mais Noir contient l'action de Blanc avec le coup 71. Il attaque le groupe Blanc et se renforce partout.

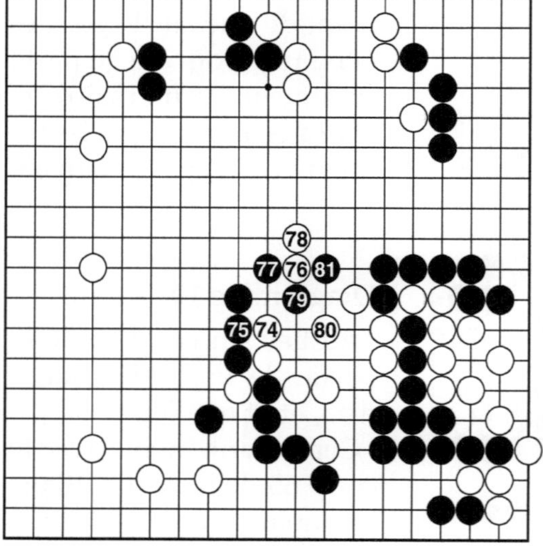

Fig. 5 Coups 74 à 81

Figure 5

Le nobi 74 est trop prudent.

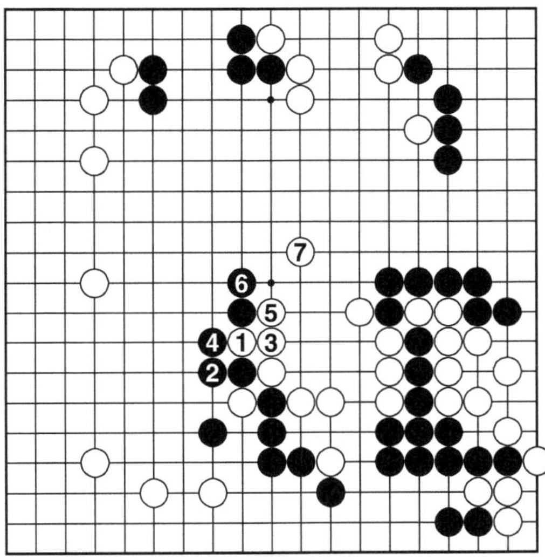

Diag. 12

Diagramme 12

Il faut d'abord faire l'atari en 1 et connecter ensuite en 3. Après la séquence jusqu'à 7, la situation de Blanc est bien meilleure que dans la partie.

Pourquoi M. Kobayashi n'a-t-il pas joué comme dans ce diagramme ? Dans ses commentaires, il a dit qu'il avait peur des coups 2 et 4 du diagramme 13. Comme il laisse trop souvent son adversaire faire un ponnuki, il s'inquiète de ce genre de problème !

Mais Noir n'a pas à laisser faire de ponnuki : il doit absolument jouer le coup 2 du diagramme 12.

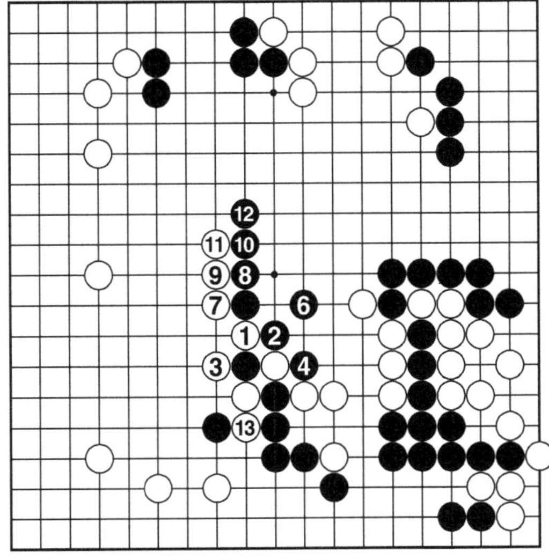

Diag. 13
Le coup 5 connecte sous 1

Diagramme 13

Dans ce diagramme, au contraire, Blanc a le sentiment de faire peur à Noir avec son gros moyo à l'ouest.

Avec la connexion du coup 75 de la partie, j'étais sûr de gagner la partie. Alors que je n'avais alors guère de territoire sûr, mon « feeling » me disait que ce n'était pas possible que Noir soit en retard, avec sa très bonne forme au centre. Face au coup 76, le kosumi-tsuke 77 suivi du hane 79 sont des coups très sévères.

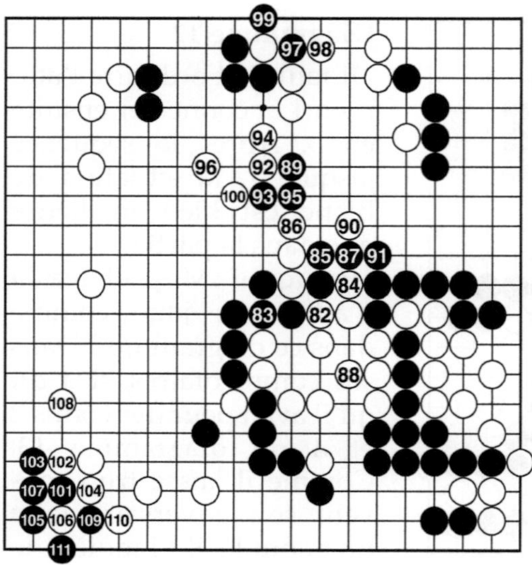

Fig. 6 Coups 82 à 111

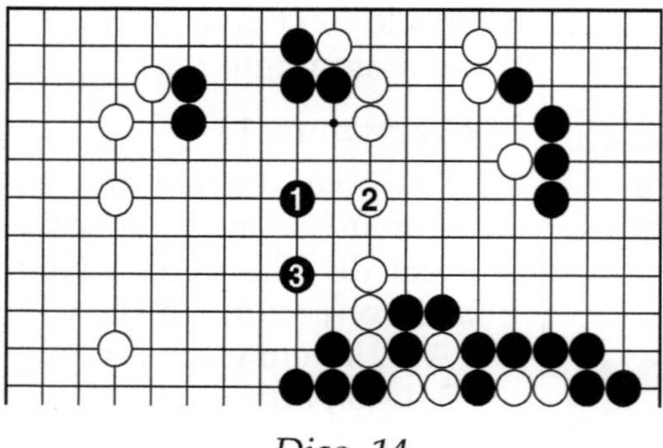

Diag. 14

Figure 6

Dès que je suis en avance, je deviens tout à fait optimiste. C'est mon défaut. Le coup 89 est honteux ! Les trois pierres blanches au centre ont peu de valeur, et elles ne servent à rien.

Diagramme 14

Jouer tout simplement en 1 et 3 était meilleur.

Dans la partie, comme j'ai voulu prendre ces trois pierres, Blanc a réussi à jouer à l'extérieur jusqu'au coup 96.

Dans l'échange des trois coups noirs 89, 93 et 95 contre les trois coups blancs 92, 94 et 96, il est manifeste que Blanc gagne beaucoup plus que Noir. En outre, cela m'a obligé à prendre la pierre 97 en gote. Même avec ces mauvais coups, je suis arrivé à gagner : cela veut dire que mon avance du début était vraiment considérable.

Durant cette partie, j'ai beaucoup pensé à l'ampleur, et je vous en ai parlé : mais, à la fin, j'ai aussi joué des coups horribles.

Résultat : Noir gagne par abandon.

Chapitre 3

BLANC ADOPTE LE STYLE COSMIQUE

Jusqu'à présent, j'ai surtout commenté mes parties. En réalité, ce qui est important, au go, ce n'est ni d'apprendre par coeur les joseki ni de faire des progrès dans le fuseki. Ce qui est le plus important, vraiment, c'est d'aimer le go.

Certains diront peut-être: « Si vous ne maîtrisez pas la technique, vous ne pouvez pas gagner des parties. »

Mais ne pensez-vous pas que c'est un peu triste d'être heureux ou malheureux simplement parce qu'on gagne ou qu'on perd une partie ?

Le jeu de go est pourtant un jeu extraordinaire. Essayez de l'aimer le plus possible, aimez les êtres humains et aimez la terre, notre terre. C'est cet amour qui donne la fraîcheur à la vie, qui l'enrichit.

Pour jouer des coups brillants, il faut aimer les pierres, la pierre... Il ne suffit pas de connaître le contenu des livres. Ces coups qui vous plaisent vraiment, ces coups joués avec amour, ils pourront aussi donner de l'émotion aux autres.

Dans ce 3e chapitre, je vous montrerai le style cosmique joué avec Blanc. Au go, la couleur – noir ou blanc – n'a aucune importance. Ce qui est important pour la stratégie du style cosmique, ce qu'il faut toujours faire dans ce cas, c'est d'aller vers le centre.

1ère partie : LE TERRITOIRE ? JE M'EN MOQUE

Partie à égalité, jouée en 1968, entre
Miyashita Shuyo, 9e dan professionnel, Noir, et
Takemiya Masaki, 3e dan professionnel, Blanc.

Je voudrais vous montrer une partie que j'ai jouée contre Maître Miyashita Shuyo au tournoi de « Pro Juketsu », quand j'étais 3e dan, en 1968.

Le tournoi de « Pro Juketsu » (qui n'existe plus aujourd'hui) est un tournoi dont j'ai gardé un bon souvenir. Cette année-là, j'ai terminé 8e du tournoi, et l'année suivante, 5e. On m'avait surnommé « Juketsu boy ».

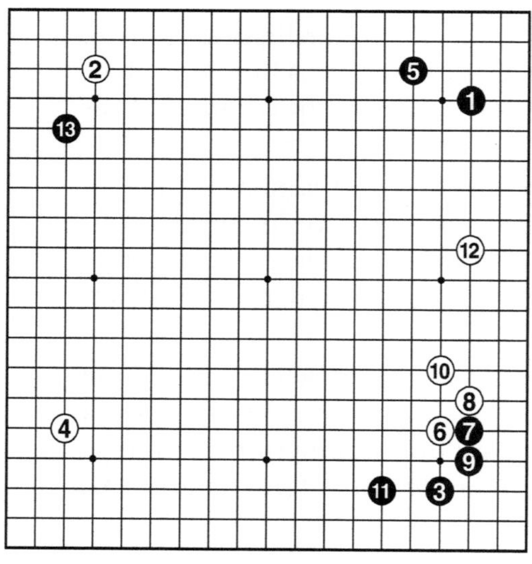

Fig. 1 Coups 1 à 13

Figur 1

Quand j'étudie les parties que j'ai jouées à cette époque, je trouve que je jouais comme je le sentais. En effet, quand la stratégie du moyo marchait bien, j'étais tellement bon que j'aimais ma manière de jouer. Par contre, dans les parties que j'ai perdues, mon jeu était complètement nul. Cette différence est tout à fait manifeste.

Je pense aussi que je voyais le goban avec une plus grande pureté qu'aujourd'hui : le jeune Takemiya que j'étais exprime sur le goban tout ce qu'il sent.

La partie ci-après en est un bon exemple : c'est vrai que Maître Miyashita cherche à faire du territoire à tout prix, mais toutes mes pierres se dirigent naturellement vers le centre. J'ai joué des coups qui me plaisaient.

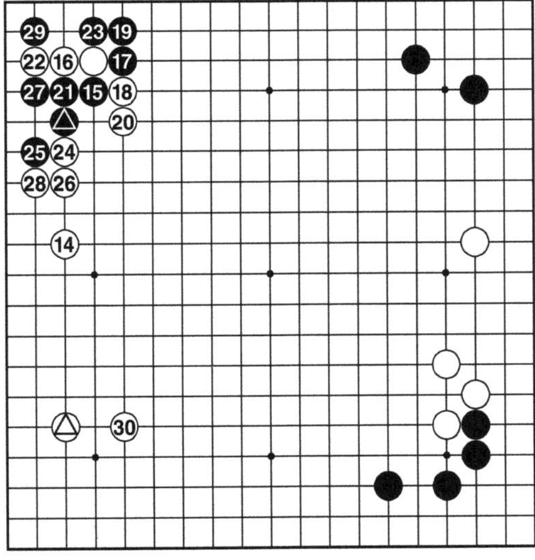

Fig. 2 Coups 14 à 30

Figur 2

Comment répondre au kakari noir 13 (▲) ?

Voici le résultat obtenu : Blanc gagne de l'influence jusqu'à son coup 28, puis il joue le « shimari » 30.

La séquence du coin nord-ouest est joseki, apparemment. Mais, pour moi, peu importe qu'elle soit joseki ou non ; cherchant à faire travailler la pierre △, j'obtiens cette séquence, naturellement.

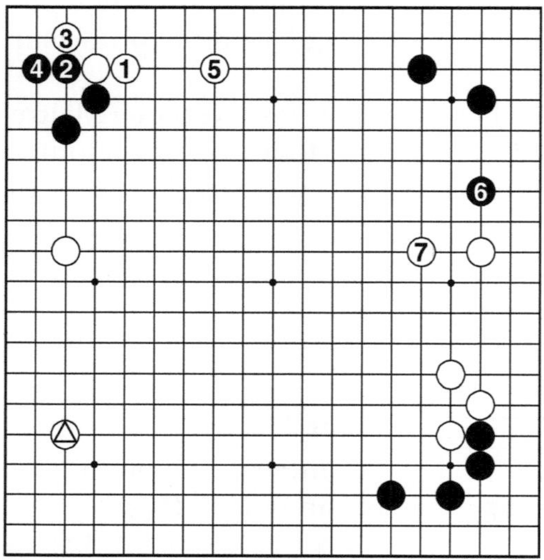

Diag. 1

Diagramme 1

Par exemple, après le kosumi-tsuke 15 de la partie, on peut être tenté de jouer cette séquence. Noir se stabilise avec ses coups 2 et 4, et Blanc fait tenuki en jouant en 5. C'est un joseki. Noir prend le gros point 6 et Blanc joue le tobi 7. C'est le joseki normal.

Mais regardez un peu mieux : la pierre △ ne travaille pas du tout !

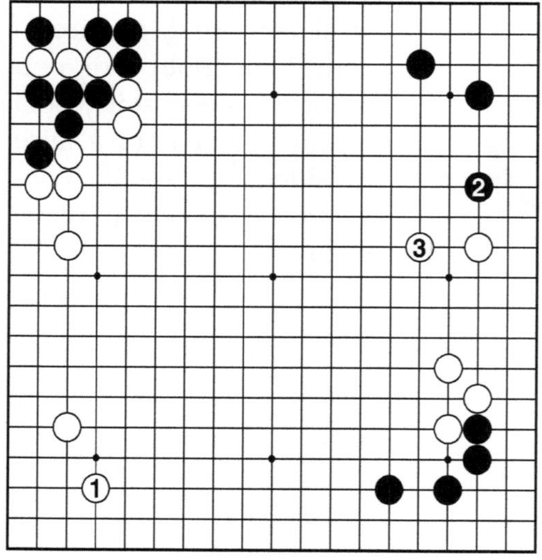

Diag. 2

Diagramme 2

De même pour le coup blanc 30 de la partie : le shimari habituel 1 n'est pas mauvais, mais, dans ce cas, l'influence au nord-ouest travaille-t-elle au maximum ?

Malgré tout, si vous préférez le diagramme 1 ou le diagramme 2, s'il vous plaît, jouez comme vous le sentez. Il faut jouer des coups qui vous plaisent. Mais ce n'est pas inutile de m'écouter un peu, peut-être pourrez-vous faire une nouvelle découverte.

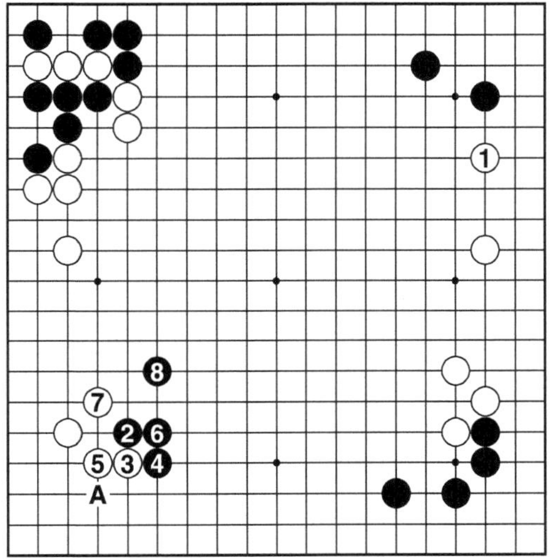

Diag. 3

Diagramme 3

Au lieu du shimari dans le coin sud-ouest, jouer le hiraki 1 n'est pas très bon. Le kakari 2 est anormal, mais il marche très bien dans ce cas. Après le coup 8, l'influence blanche ne travaille plus.

Si Noir, au lieu du coup 2, joue le kakari en A, Blanc est très content de jouer le kake 3.

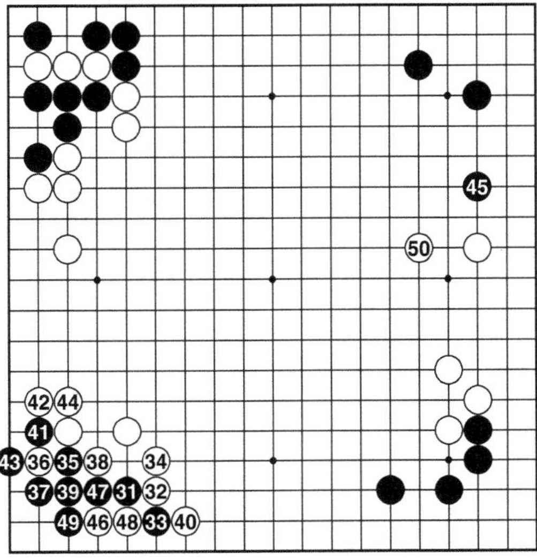

Fig. 3 Coups 31 à 50

Figur 3

À partir du coup 31, le combat n'est pas joseki. La séquence jusqu'au coup 44 paraîtra peut-être trop compliquée à certains. En tout cas, personne ne sait ce qui serait meilleur. En outre, vous n'avez pas besoin d'imiter ce que nous faisons, nous, les professionnels.

Cependant, il y a une chose très importante : il faut faire travailler l'influence blanche. Blanc peut jouer ce qu'il veut, dès lors qu'il suit ce principe.

Quand vous ne savez pas où jouer, je vous ai dit

plusieurs fois qu'il vaut mieux se poser la question : « dans quel esprit faut-il jouer ? » plutôt que la question : « où faut-il jouer ? » La figure 3 en est un exemple typique.

C'est vrai que Noir prend le sente et peut jouer le coup 45. Mais Blanc a un yose-sente très agréable avec les coups 46-48 ; et il peut ensuite jouer le tobi 50. À ce stade, Blanc se sent très bien.

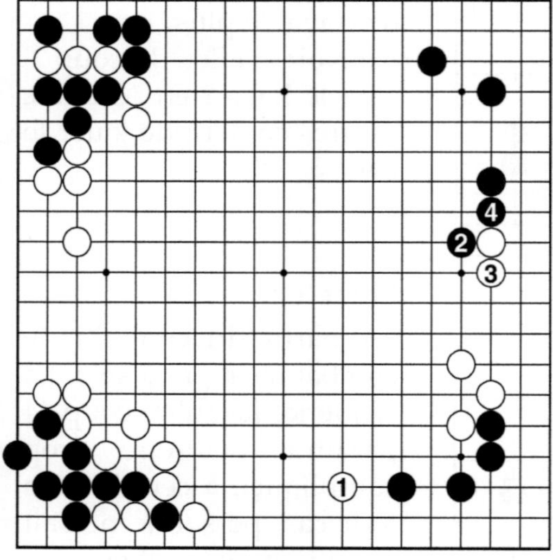

Diag. 4

Diagramme 4

Si on pense au territoire, au lieu du coup blanc 50 de la partie, le coup 1 de ce diagramme est gros. Mais je n'aime pas les coups noirs 2 et 4 qui limitent mon moyo.

Il est vrai que le bord sud est gros ; mais au centre on a le rêve le plus grand. Par rapport à l'univers illimité, la Terre – qui nous paraît grande – est en réalité toute petite.

C'est exactement la même chose.

Figure 4

Banc 52 et 54, quelle tranquillité !!!

Blanc ne cherche pas à faire du territoire. Il y a des joueurs qui se demandent si Blanc peut gagner en jouant ainsi. Mais le territoire viendra tout seul, plus tard. Ce n'est donc pas la peine, croyez-moi, de chercher à faire du territoire maintenant.

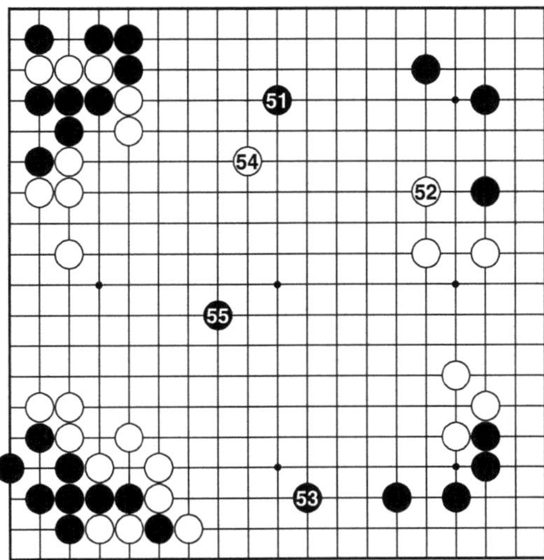

Fig. 4 Coups 51 à 55

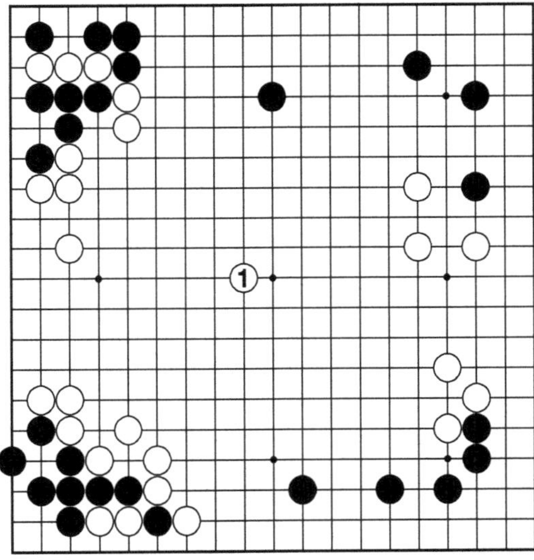

Diag. 5

Diagramme 5

A propos du coup 54 de la partie, un joueur professionnel disait préférer jouer aux alentours du coup blanc 1 de ce diagramme. En effet, c'est peut-être plus efficace et plus normal. Mais moi, dans une telle situation, je jouerai toujours ce coup 54.

Je ne peux pas vous en donner la raison précise. Simplement, mon feeling me dit : « Avec ce coup 1, c'est bien petit ; je veux développer le moyo au maximum avec le coup 54. »

Bien sûr, Noir doit envahir le moyo. Mais je ne pensais pas que Noir envahirait jusqu'à la profondeur du coup 55.

Ce coup illustre bien le caractère de Maître Miyashita qui était surnommé « le taureau furieux ». En utilisant sa fameuse force en combat, il essaye d'annuler complètement mon moyo.

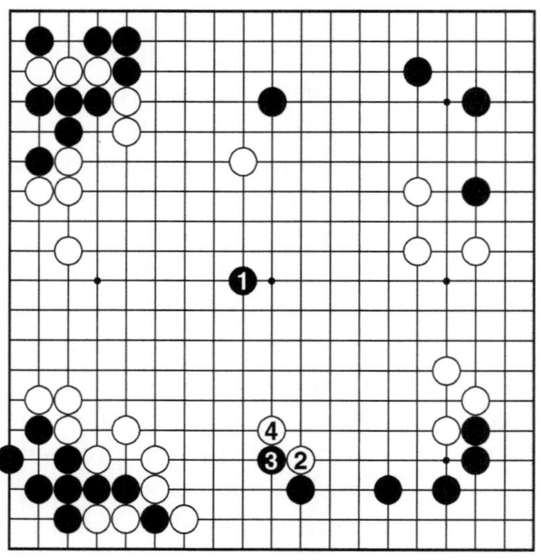

Diag. 6

Diagramme 6

D'habitude, Noir joue plutột un autre coup, tel que le coup 1 de ce diagramme.

Comme l'attaque directe n'a pas l'air de marcher, Blanc attaquerait alors sans doute en pressant en 2 puis en 4. Blanc attaque ainsi de loin la pierre d'invasion centrale.

Dans la partie, face à l'invasion très profonde en 55, comment Blanc doit-il répondre ? (Ce n'est pas très difficile)

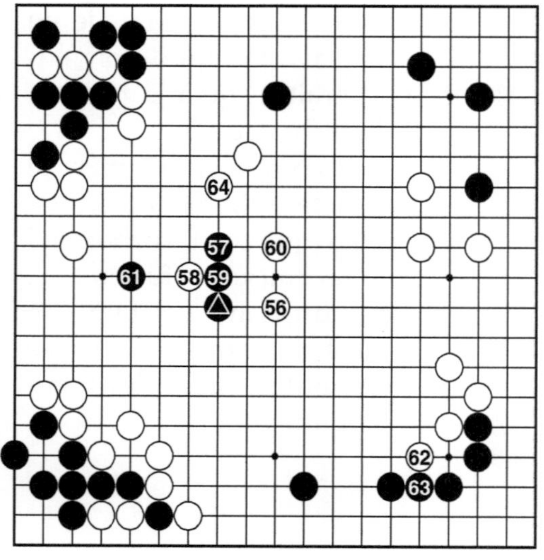

Fig. 5 Coups 56 à 64

Figure 5

D'un coup d'oeil on peut voir que noir ▲ est trop profond. Il faut donc l'attaquer avec le boshi 56: cette idée est très simple, donc très bonne.

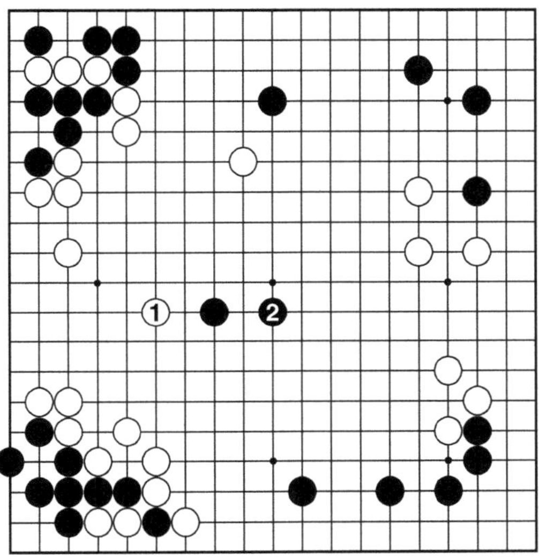

Diag. 7

Diagramme 7

Au lieu du coup 56, certains ont pu être tentés par le coup 1 de ce diagramme, qui fait du territoire. Ils ne sont sans doute pas faits pour jouer dans le style cosmique. Laisser la pierre noire sortir tranquillement avec 2... alors, à quoi sert toute l'influence que Blanc a construite ? !

Si vous essayez de faire tout de suite du territoire avec de l'influence, l'influence devient inutile.

Au contraire, l'influence blanche est précieuse si elle sert à attaquer, et non à faire du territoire. Si vous attaquez, en vérité, votre territoire se fera tout seul, facilement.

En attaquant avec les coups 58 et 60, la partie devient intéressante pour moi. Mais j'ai fait ensuite des erreurs dans mon attaque et j'ai finalement perdu la partie.

Résultat : Noir gagne par abandon.

2e partie : JOUONS DES COUPS BRILLANTS

Partie à égalité, jouée en 1974, entre
Rin Kaiho, 9e dan professionnel, Noir, et
Takemiya Masaki, 7e dan professionnel, Blanc.

Même avec Blanc, le style cosmique est fondé sur le centre. Vous pensez peut-être que le style cosmique ne marche pas bien avec Blanc ? Mais peu importe que vous soyez Noir ou Blanc, l'essentiel, au go, ne dépend pas de la couleur. C'était visible dans la partie précédente.

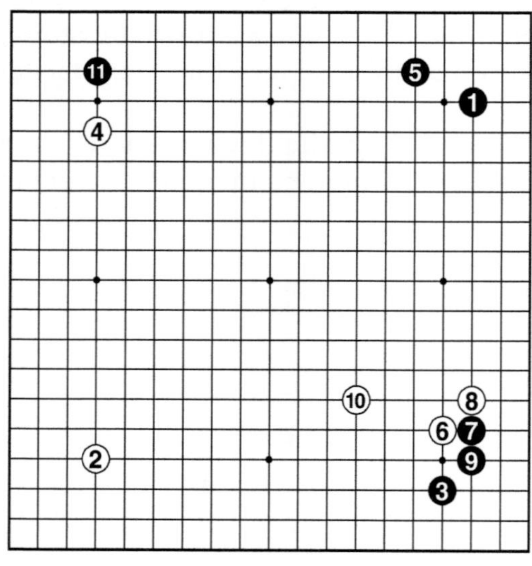

Fig. 1 Coups 1 à 11

Figure 1

Le coup blanc 10 est à la mode, actuellement. Mais à l'époque où j'ai joué cette partie, je connaissais déjà ce coup. Noir fait tenuki et joue le kakari 11 dans le coin nord-ouest.

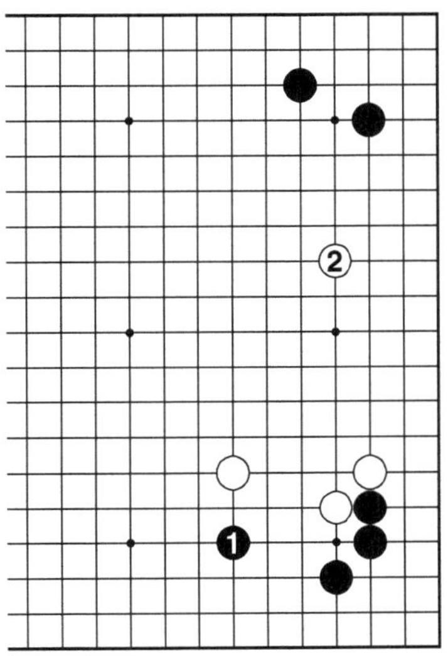

Diag. 1

Diagramme 1

Si Noir répondait en 1, je jouerais sans doute en 2 pour développer mon moyo.

Le coup 10 de la partie est un de mes coups favoris : il rayonne à la fois vers le centre et vers le bord.

Figure 2

Après le coup △, la voie que je dois suivre est décidée : je dois faire travailler cette pierre au maximum.

Le coup 12 est donc la suite logique. Par exemple, à la place du coup 12, jouer le tsuke en A pour avoir du territoire n'est pas très intéressant. La pierre △ au centre perdrait alors de sa valeur.

À partir du moment où Blanc privilégie l'influence avec le coup 12, la pierre △ devient brillante. Ne le pensez-vous pas ?

Le coup 17 est aussi un coup joué à cause de la pierre △. Si Noir jouait le kakari habituel en B, Blanc ferait la pince en C. C'est pour ça que Noir joue ce kakari 17.

Quel coup auriez-vous joué après Noir 17 ?

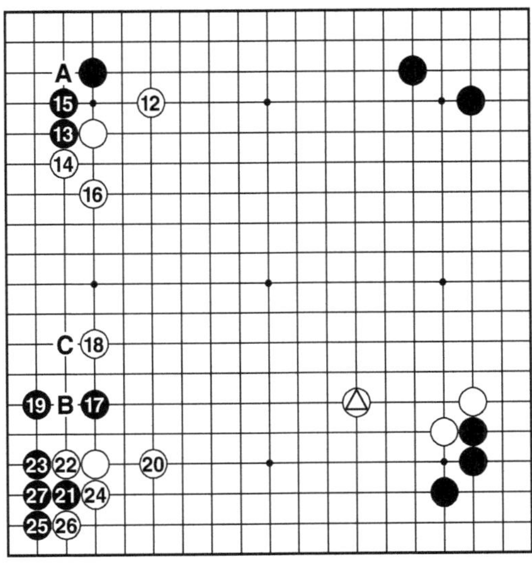

Fig. 2 Coups 12 à 27

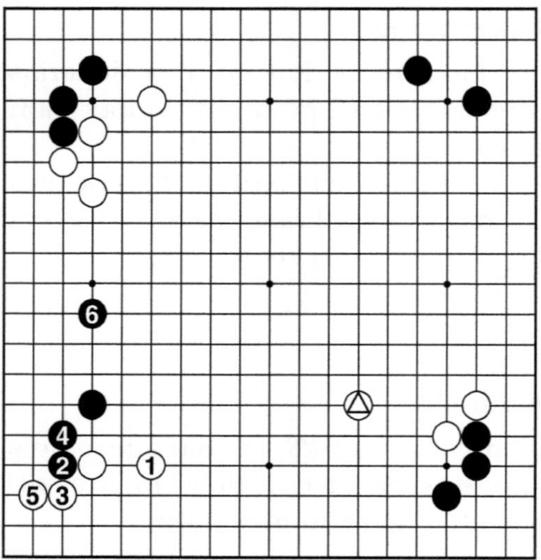

Diag. 2

Diagramme 2

Si vous pensez « comme dans le joseki, jouer en 1 ne peut pas être mauvais », vous n'êtes pas encore dans le « feeling » de la partie.

Quand Noir fait l'extension de 2 à 6, je voudrais que vous sentiez quelque chose. En effet, non seulement l'influence blanche au nord-ouest est effacée, mais encore la pierre △ n'a plus de valeur.

Si vous voulez absolument jouer de cette manière, faites du territoire dès le début. Chacun a des goûts différents.

Mais si vous êtes sensible à la beauté des pierres qui se dirigent vers le centre, je voudrais que vous fassiez la pince 18. Maintenant, toutes les pierres commencent à travailler au maximum.

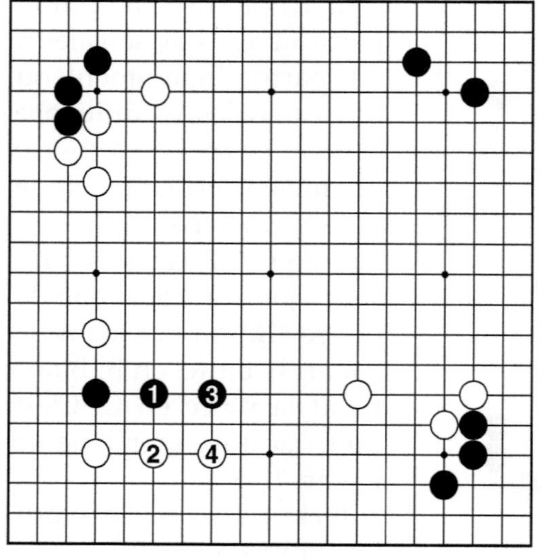

Diag. 3

Diagramme 3

Les tobi 1 et 3 tomberaient dans le piège. Ces trois pierres noires seraient attaquées.

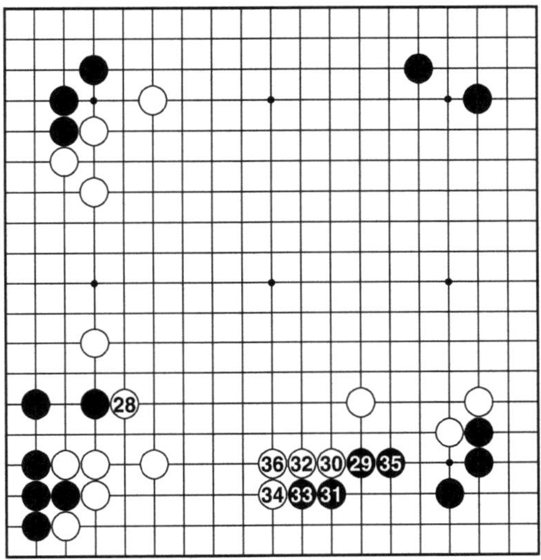

Fig. 3 Coups 28 à 36

Figure 3

Blanc est assez content d'enfermer Noir dans le coin. Par contre, le coup 28 est mal pensé.

Je me sentais bien en enfermant le groupe noir. Mais si l'on regarde bien, Noir a pu prendre le point 29, très important, et maintenant l'influence blanche ne travaille pas bien.

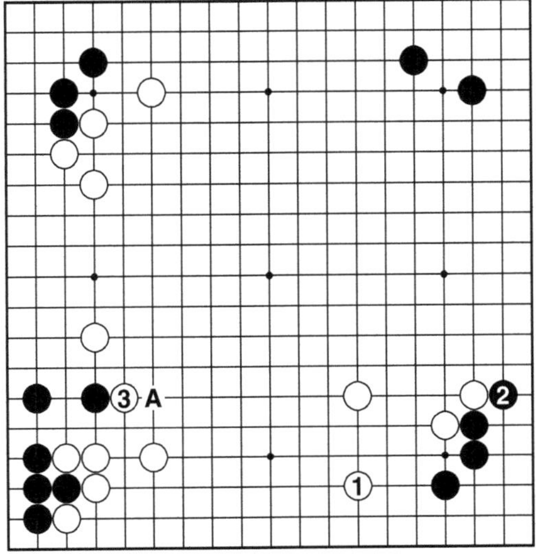

Diag. 4

Diagramme 4

Il fallait faire l'échange 1 pour 2 et ensuite seulement jouer en 3. L'influence blanche aurait alors bien travaillé. Mon jeu n'était pas encore au point.

D'autre part, au lieu du coup noir 2, jouer en A n'est peut-être pas très bon, car le sagari blanc en 2 est très sévère et il y aurait alors beaucoup d'aji dans le coin.

Avec la seule erreur du coup 28, la partie devient difficile pour Blanc. C'est le risque des parties de moyo. Les pierres brillantes comme le diamant jusqu'au coup 28 se sont changées en billes d'acier.

Je vous ai dit que j'aime les pierres qui se dirigent vers le centre ; mais pas dans n'importe quelle situation. Par exemple, dans cette partie, avec le coup 28, je gagne de l'influence. Mais une fois que Noir occupe le point très important 29, la pierre △ perd sa valeur.

Cela ne me plaît pas.

Les coups 30 à 36 sont joués pour limiter les dégâts de cette erreur.

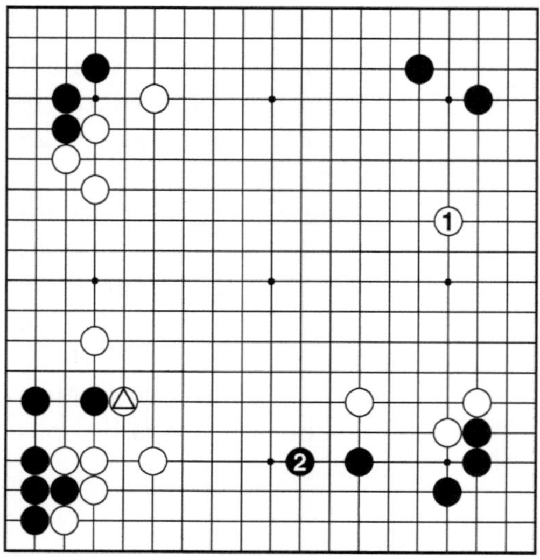

Diag. 5

Diagramme 5

Bien sûr, je souhaite faire l'extension 1 ; mais si noir répond avec le tobi 2, la pierre △ perd alors totalement sa valeur. Je ne peux pas supporter cela.

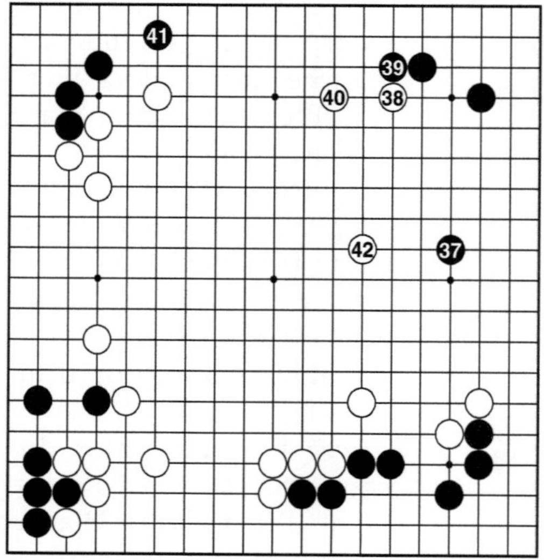

Fig. 4 Coups 37 à 42

Figure 4

Le coup 37 est très bon pour Noir. Franchement, c'est une partie difficile pour Blanc.

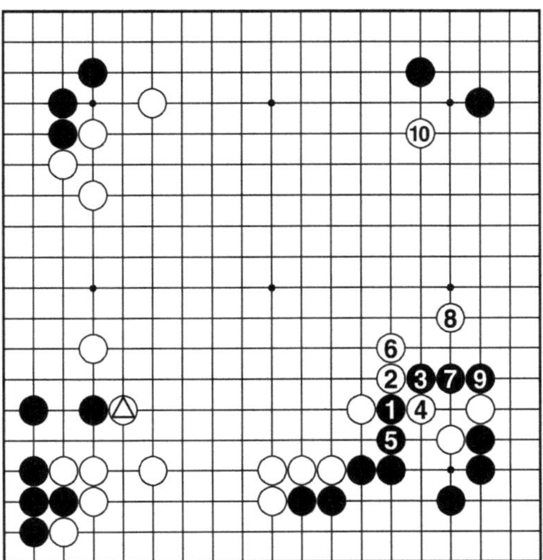

Diag. 6

Diagramme 6

Capturer les deux pierres blanches du coin sud-est, c'est justement ce que Blanc attend. Avec ses coups 4 à 8, Blanc sacrifie des pierres inutiles et il joue ensuite en 10 : Noir augmente un peu son territoire, mais l'influence que Blanc obtient est beaucoup plus intéressante.

Toutes les pierres blanches travaillent bien dans ce diagramme, non seulement la pierre △, mais aussi les autres pierres.

L'idée des coups 38 et 40 de la partie est issue de la difficulté. Je pensais que pour donner vie à cette partie, je devais à tout prix développer mon moyo au maximum.

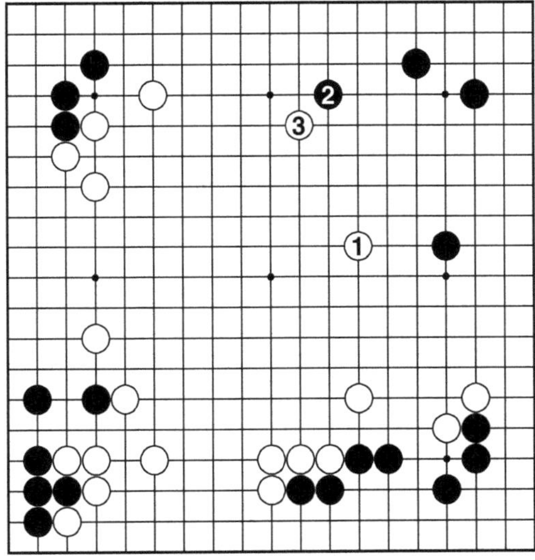

Diag. 7

Diagramme 7

Blanc aurait pu se satisfaire du coup 1 de ce diagramme. Si Noir joue 2, le kake 3 n'est pas mal. Mais moi, je préfère développer le moyo au maximum.

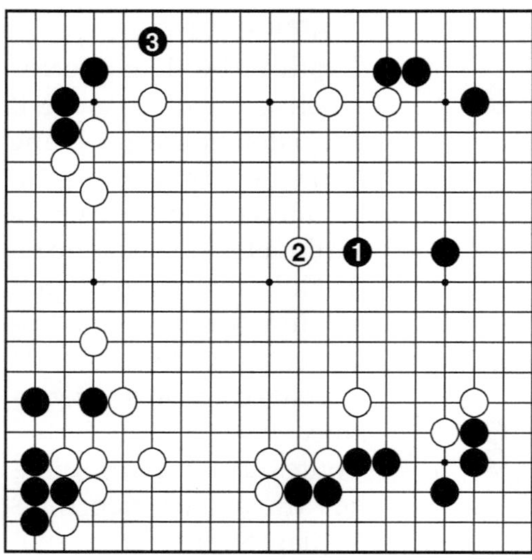

Diag. 8

Diagramme 8

Par contre, le coup noir 41 de la partie veut faire trop de territoire. Le point vital de cette partie est le niken tobi 1 de ce diagramme. Blanc répond en 2, mais le moyo blanc devient plus petit.

Quand Blanc occupe le point vital avec son coup 42, on est revenu au point de départ.

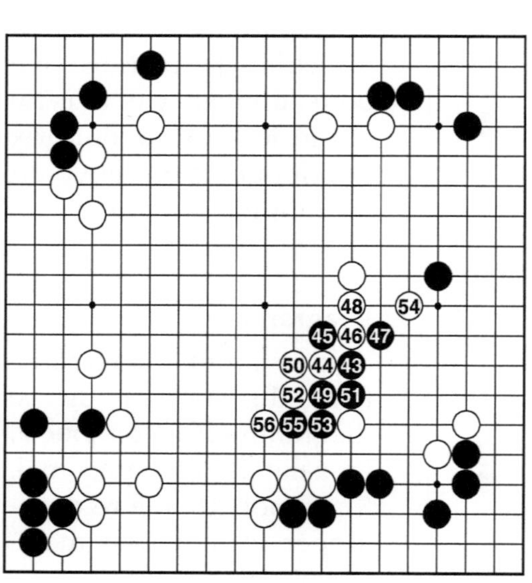

Fig. 5 Coups 43 à 56

Figure 5

Noir vient effacer le moyo blanc avec son coup 43

Blanc arrête l'avance noire avec ses coups 44 à 56.

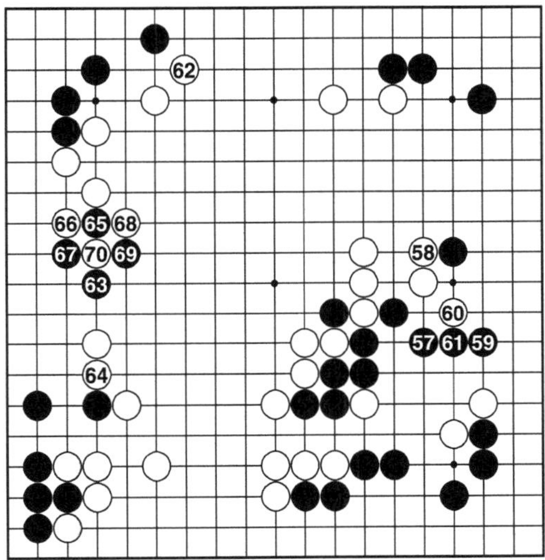

Fig. 6 Coups 57 à 70

Figure 6

Noir joue l'uchikomi 63 et Blanc ne pourra pas capturer facilement cette pierre. Si cette pierre réussit à vivre, Blanc perd la partie. C'est bien triste pour lui ! Si vous espérez gagner quelque chose en l'attaquant, vous vous sentirez beaucoup plus à l'aise.

Face à la défense en 64, Noir joue le tesuji de 65 à 69 pour lancer le ko.

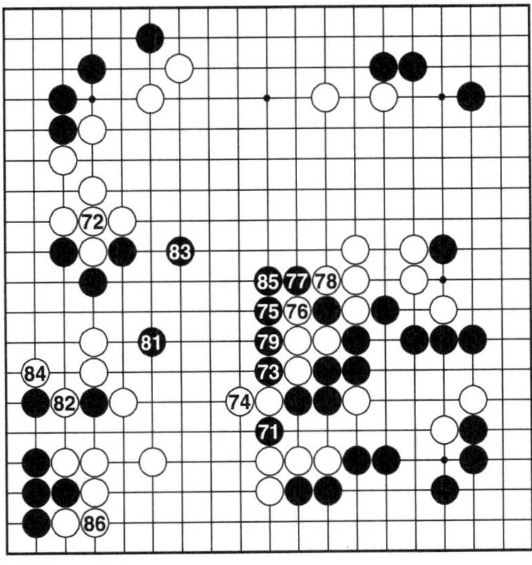

Fig. 7 Coups 71 à 86
Coup 80 sous 78

Figure 7

Ensuite, sur la menace de ko 71, Blanc connecte en 72. La conséquence – qui n'était pas du tout prévue au début ! – c'est que, finalement, Blanc gagne le coin jusqu'à son coup 86, en compensation de l'invasion noire au centre.

Le centre, qui était très important pour Blanc, est totalement détruit. On voit que la partie est assez serrée. Comme le groupe noir au centre n'est pas complètement vivant, Blanc est sans doute un peu en avance.

Cette partie s'achève par l'abandon de Noir, mais le résultat n'est pas important.

Si on joue des coups brillants au début de la partie, c'est déjà suffisant. Même nous, les professionnels, qui vivons grâce aux tournois, nous pensons que le résultat est secondaire et que c'est le contenu de la partie qui est essentiel (mais mes supporters ne sont pas contents si je ne gagne pas, et c'est cela qui est difficile).

Je voudrais bien que vous ayez plaisir à jouer au go, mais sans être obsédé par le résultat. Pendant vos parties, s'il vous plaît, essayez de contempler le goban au moins une fois. Et avec votre « feeling », essayez de trouver des coups brillants. Vous pourrez certainement faire une découverte.

Résultat : Blanc gagne par abandon.

3e partie : NE LOUPEZ PAS LE TENNÔZAN[1]

Partie à égalité, jouée en 1980, entre
Rin Kaiho, 9e dan professionnel, Noir, et
Takemiya Masaki, 9e dan professionnel, Blanc.

Ce qui est le plus important dans les parties de moyo, c'est l'intuition.

Je n'en suis pas spécialement fier, mais je n'ai quasiment pas réfléchi dans le fuseki. Je fais confiance seulement à mon intuition.

Dans cette partie, c'est une histoire de tennôzan. Le tennôzan apparaît très souvent dans les parties de grand moyo. Encore une fois, c'est un problème d'intuition, pas de lecture.

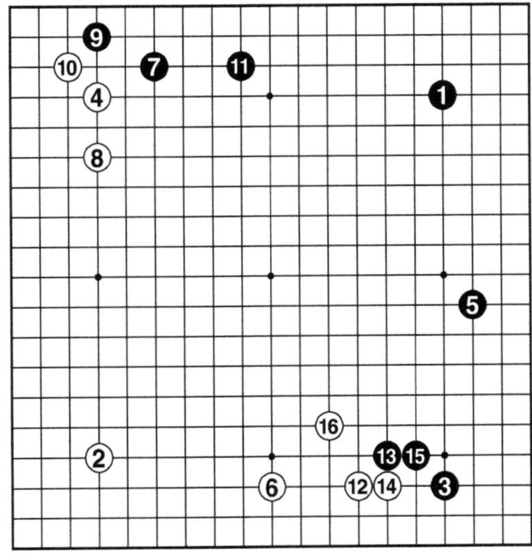

Fig. 1 Coups 1 à 16

Figure 1

On voit déjà apparaître le tennôzan : c'est le keima 16. Pourquoi Blanc joue-t-il en 16, alors qu'il y a encore des endroits très intéressants où jouer?

[1] *Pour mieux comprendre le sens de ce coup-clé, voir la note en bas de la page 30. (Note du traducteur)*

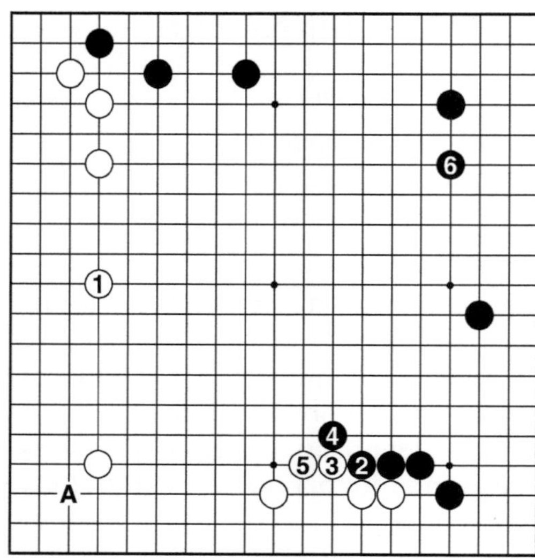

Diag. 1

Diagramme 1

Par exemple, supposons que Blanc fasse un san-ren-sei en jouant en 1. Noir ferait l'échange de 2 à 5 avec grand plaisir. Par rapport au coup 16 de la partie, les moyo de chacun sont très différents.

Ensuite, Noir ferait le shimari 6 et développerait son grand moyo. En outre, il reste encore le san-san en A dans le coin sud-ouest. Noir serait très content.

Un tennôzan, tel le coup 16, n'est pas du domaine du yose ou des tesuji, qui impliquent des coups précis.

C'est dire qu'on ne peut pas trouver le tennôzan immédiatement, par le calcul.

Alors, comment acquérir une telle intuition ? Étudier les parties de professionnels, ce n'est déjà pas mal. Bénéficier de l'enseignement de joueurs forts est aussi utile. Mais je pense que le plus important, c'est votre cœur.

À partir du moment où vous jouez avec votre cœur, le cœur qui vous émeut par de la musique ou des films, vous comprendrez la beauté du jeu de go.

Au go, on n'a pas besoin de lecture profonde ni de stratégie psychologique. Ce qui est important, c'est le cœur qui sent honnêtement la beauté en regardant quelque chose de beau. Moi, j'y crois.

Dans ce monde, s'il n'y avait que des gens avec un tel cœur, la guerre aurait totalement disparu.

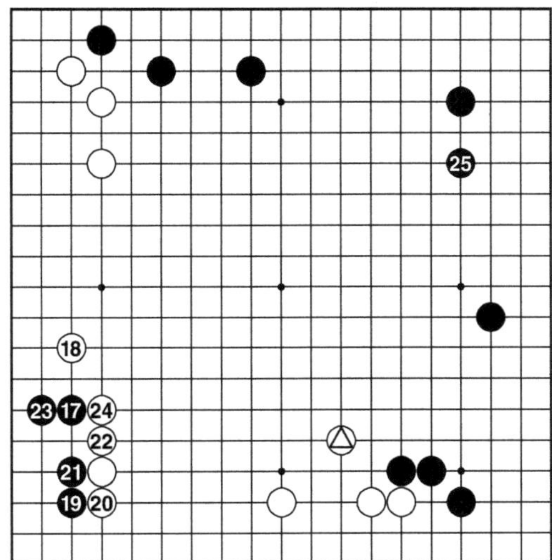

Fig. 2 Coups 17 à 25

Figure 2

Si chacun continue à développer son moyo, Noir sera en difficulté à cause du tennôzan △. Noir joue donc le kakari 17. Blanc fait alors une pince et construit son moyo.

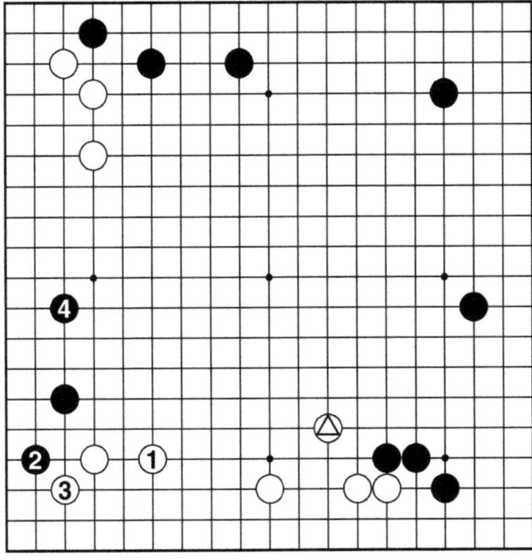

Diag. 2

Diagramme 2

Au lieu du coup 18 de la partie, répondre en 1 n'est pas mauvais. Mais je ne me serais pas senti très bien, ayant le sentiment que Noir s'est installé tranquillement dans mon moyo.

Dans la partie, après la pince 18, jouer tout de suite au san-san est normal.

De 20 à 24, Blanc accroît son influence et la pierre △ devient très intéressante.

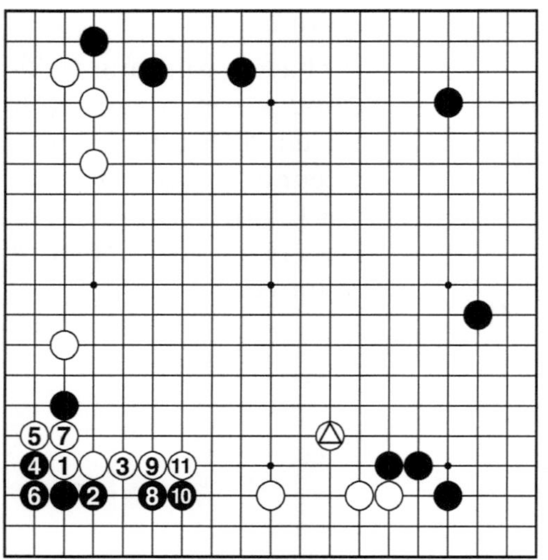

Diag. 3

Diagramme 3

Pour le coup 20 de la partie, certains joueurs préfèrent choisir l'autre côté, en 1 de ce diagramme. C'est une autre partie, mais la pierre ⓐ n'est alors pas très brillante.

Par contre, dans la partie, le coup 16 est très brillant.

Plus on devient sensible à de telles différences, plus le go devient intéressant.

Revenons à la partie. Le shimari 25 est gros. Et maintenant, essayez de trouver le prochain coup.

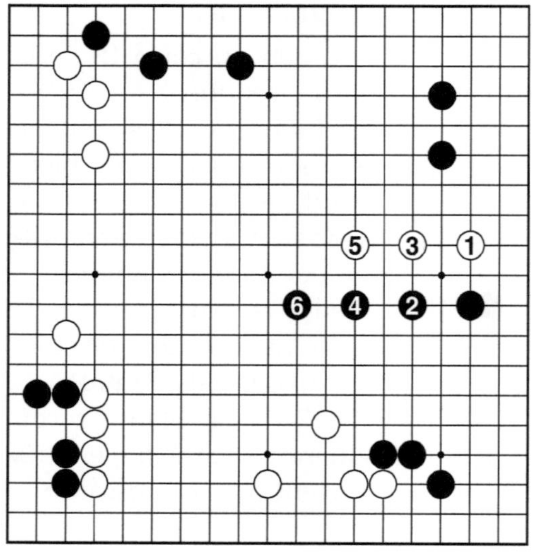

Diag. 4

Diagramme 4

Je vous montre d'abord un mauvais choix. L'idée de faire l'invasion 1 de ce diagramme est la pire. Noir joue les tobi 2 à 6, et maintenant le moyo blanc est complètement détruit.

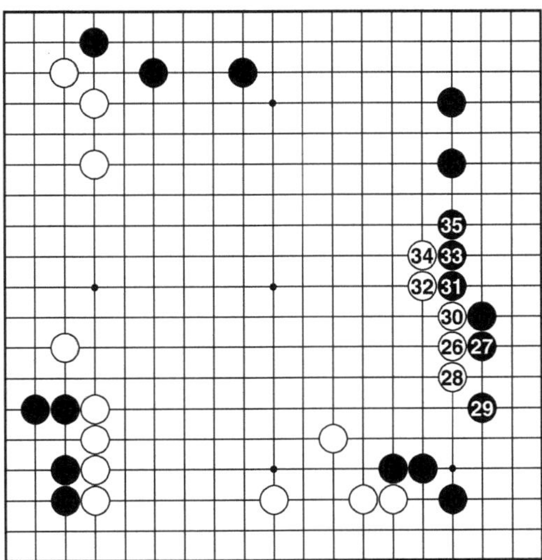

Fig. 3 Coups 26 à 35

Figure 3

Le moyo blanc du centre est plus important que le côté droit. Il faut donc jouer des coups qui n'abîment pas ce moyo ; par exemple, le coup 26.

Jusqu'au coup 35, la séquence est normale. Noir construit un territoire le long du bord droit ; mais, regardez bien, il est petit. Par contre, le moyo blanc au centre est énorme.

Pourtant, je n'étais pas encore très expérimenté : j'ai joué ensuite un coup très lent.

Avant de parler de cela, je veux ajouter un petit mot concernant le coup 27.

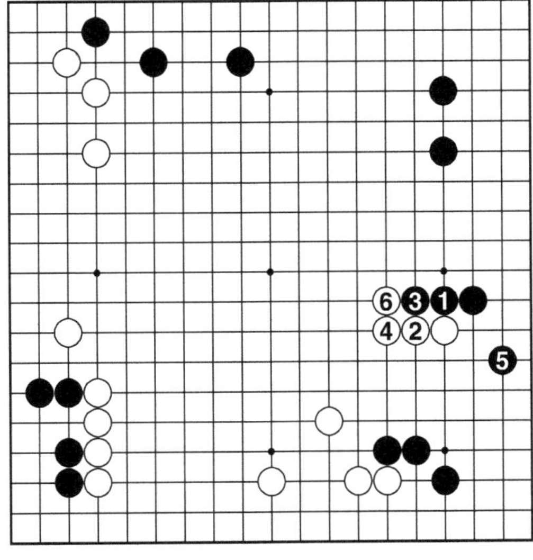

Diag. 5

Diagramme 5

Si Noir poussait en 1 et 3 de ce diagramme et faisait ensuite le keima 5, le magari blanc 6 deviendrait extrêmement intéressant. C'est aussi un coup de tennôzan.

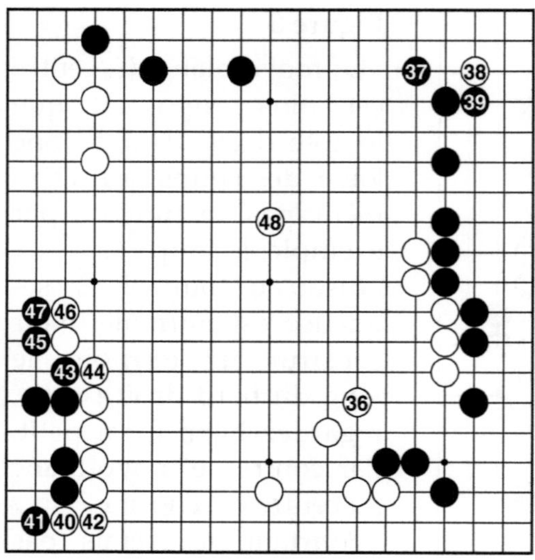

Fig. 4 Coups 36 à 48

Figure 4

Le coup mauvais, très lent, que j'ai joué, c'est le coup 36.

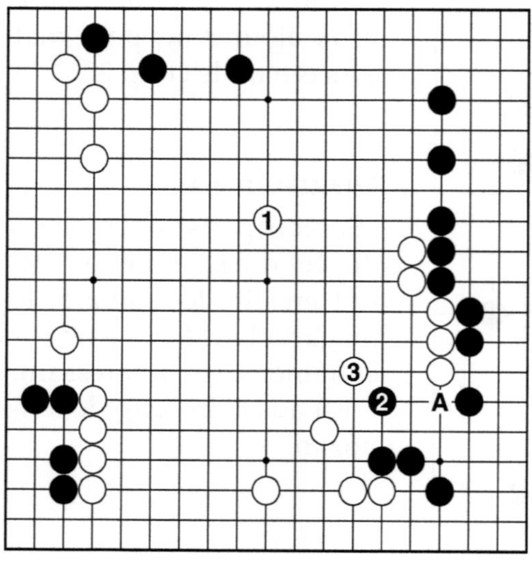

Diag. 6

Diagramme 6

Pourquoi n'ai-je pas pensé à faire le tennôzan en 1 de ce diagramme ?

Sur le bord droit, un coup blanc en A est sente. Noir ne peut donc pas aller plus loin que 2, et Blanc l'arrête ensuite en 3. Il n'y a là rien de gênant.

Par contre, M. Rin aussi est gentil : il m'a donné une autre chance d'occuper le tennôzan avec le coup 37.

Finalement, Blanc occupe le tennôzan avec son coup 48.

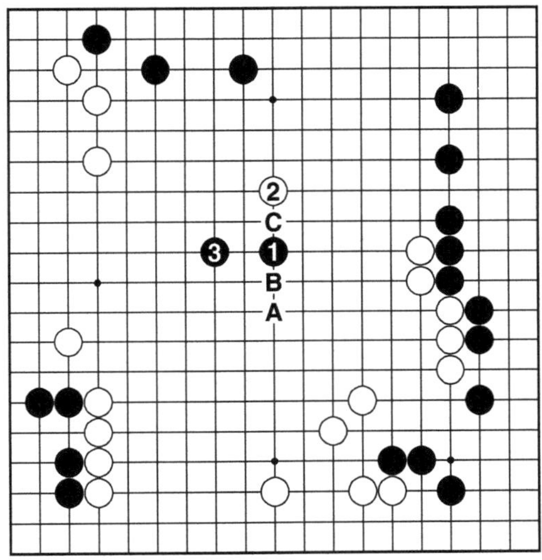

Diag. 7

Diagramme 7

Le coup 1 de ce diagramme est un point inévitable. Ensuite, si Blanc joue en 2, Noir joue le tobi 3 et le groupe noir ne peut pas être tué. Si Blanc répond en A, c'est insuffisant.

Le coup noir 1 n'est pas mal. Si Noir jouait en B, Blanc ferait le boshi C et ce serait dangereux pour lui.

Le coup 47 de la partie est aussi un coup complètement à côté du problème : il aurait dû être joué au centre.

Alors que j'ai donné pour titre à cette partie « ne loupez pas le tennôzan », je vous montre une partie où justement chacun des deux joueurs l'a loupé, ce tennôzan !

Les professionnels sont aussi des êtres humains. En fonction de leur état psychologique et de leur santé, ils peuvent jouer des coups horribles. C'est aussi pour cela que le jeu de go est intéressant (c'est un peu une excuse !).

Résultat : Blanc gagne par abandon.

4e partie : DANSER DANS LES ÉTOILES

Partie à égalité jouée en 1985 entre
Yamashiro Hiroshi, 9e dan professionnel, Noir, et
Takemiya Masaki, Honinbo, Blanc.

Figur 1

On a souvent dit que la base du fuseki se joue sur les troisièmes et quatrièmes lignes. Mais je vous conseille de ne pas le croire.

Cette fois, je vous montre une partie dans laquelle j'ai joué un coup complètement « martien ».

Le tobi 10 reflète mon caractère : je n'aime pas me presser.

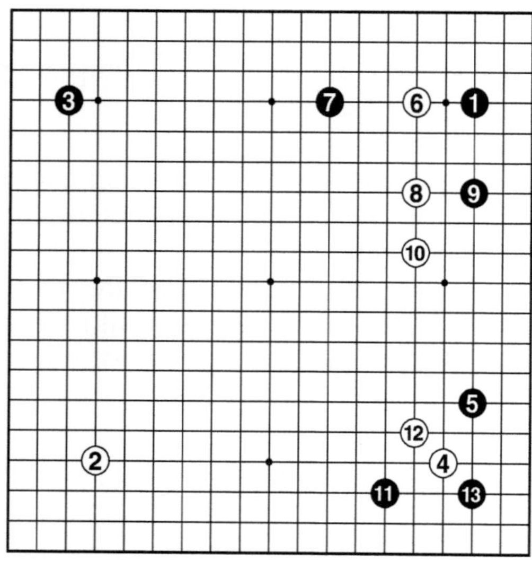

Fig. 1 Coups 1 à 13

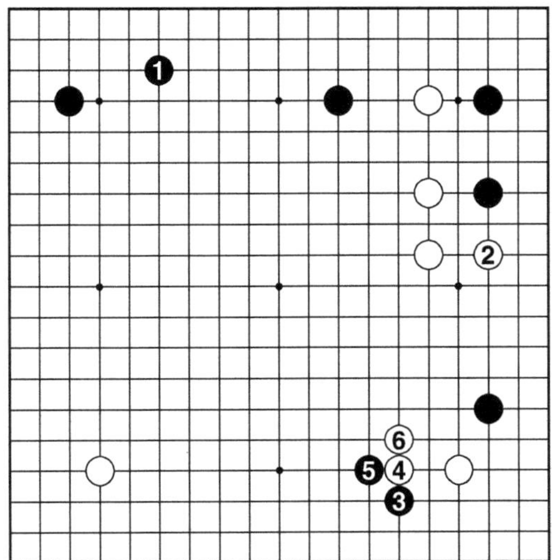

Diag. 1

Diagramme 1

Si Noir joue son coup 11 de la partie en 1, le coup 2 de ce diagramme est aussi intéressant que le shimari.

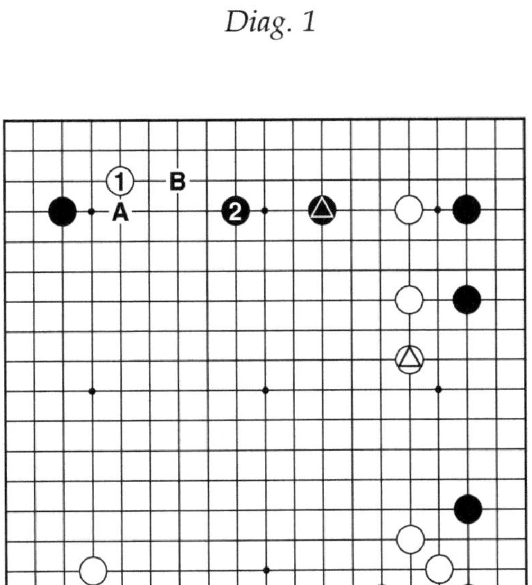

Diag. 2

Diagramme 2

Le problème est alors le suivant : d'habitude, Blanc joue le kakari 1, mais Noir fera immédiatement la pince 2. Alors que Blanc est prêt à attaquer la pierre ▲ avec le tobi △, Noir prend l'initiative avec le coup 2.

Si Blanc joue le kakari 1 en A, Noir fait la pince en B.

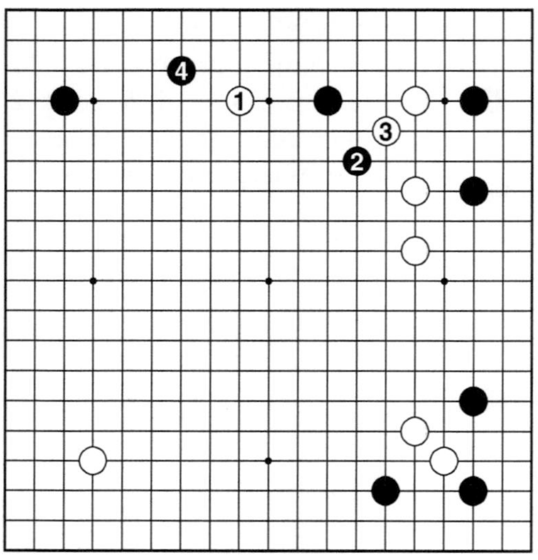

Diag. 3

Diagramme 3

Peut-être avez-vous pensé à une pince en 1 ?

Si Noir fait le kikashi 2, puis le pince en 4, le résultat n'est pas très clair.

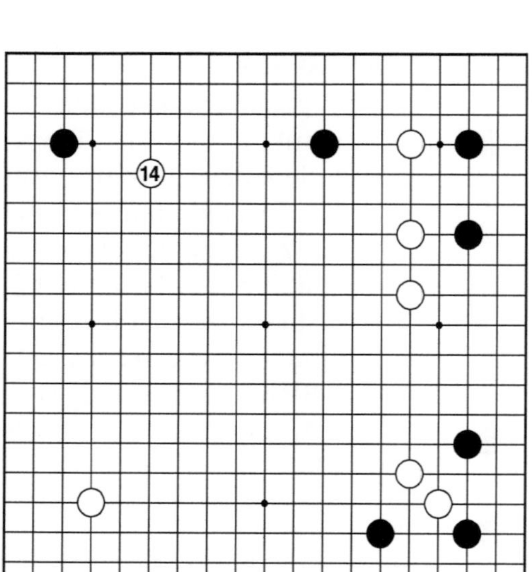

Fig. 2 Coups 14

Figure 2

Et voici le coup blanc 14 ! Moi-même je ne sais pas comment qualifier ce coup. Alors que c'est un coup qui a l'air bizarre, je le sentais normal. Mon idée, c'est qu'il n'y a pas de bonne pince pour attaquer cette pierre.

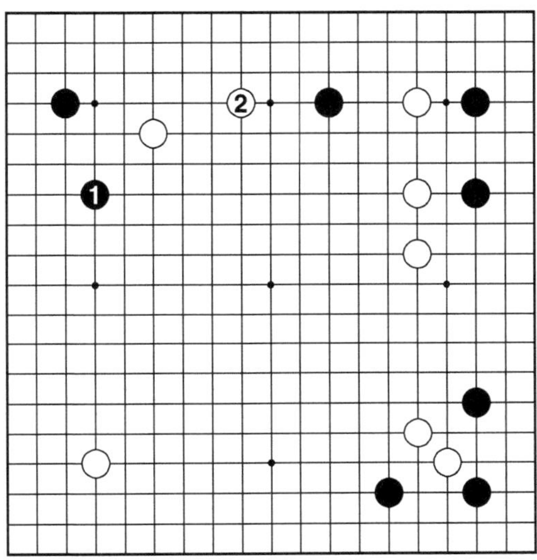

Diag. 4

Diagramme 4

Si Noir répond en 1 de ce diagramme, Blanc fait la pince 2.

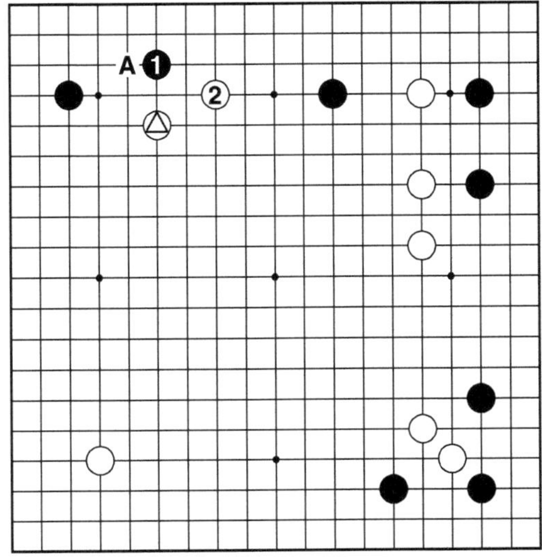

Diag. 5

Diagramme 5

Alors, si Noir joue en 1 de ce diagramme, que peut-il faire ?

Franchement, je propose ce coup plus avec mon feeling qu'avec ma lecture des séquences. En fait, je ne sais pas vraiment comment jouer, mais je ferais sans doute le keima 2 pour construire de l'influence. Le tsuke en A et l'attaque de la pierre △ seront alors très intéressants.

Comment le trouvez-vous, ce coup ?

Qui a décidé que la base du fuseki est sur les troisièmes et quatrièmes lignes ? Il ne faut pas croire au sens commun.

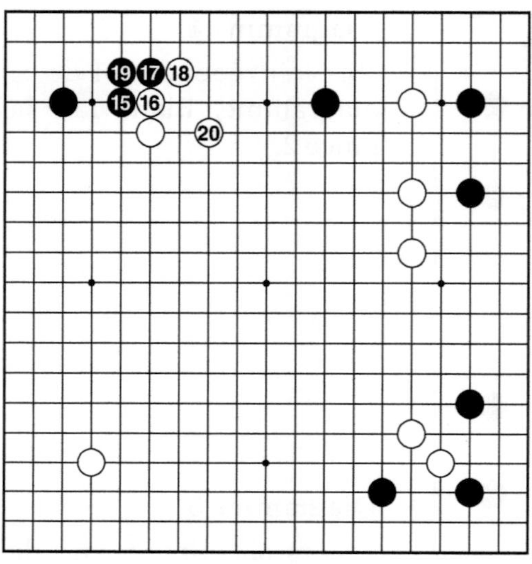

Fig. 3 Coups 15 à 20

Figure 3

M. Yamashiro a répondu avec le coup en 15. Après le coup 16, Noir est plus ou moins content de faire du territoire avec le hane-tsugi 17-19. Moi aussi, je suis content en acquérant une bonne forme, jusqu'au coup 20. Ce coup 20 reflète aussi mon caractère.

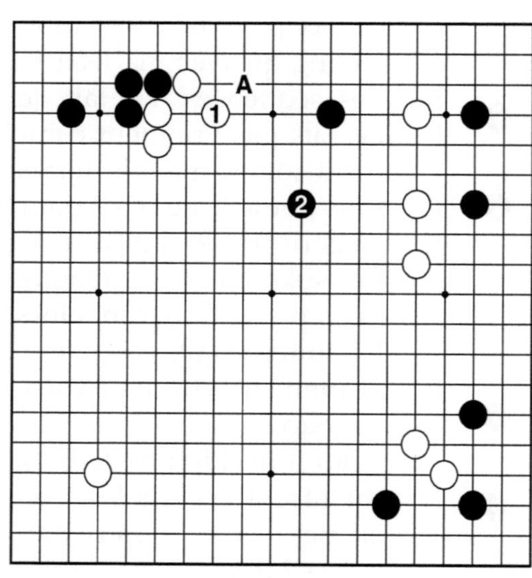

Diag. 6

Diagramme 6

Avec le kaketsugi 1 de ce diagramme, Blanc perd moins de points dans le yose. Mais Noir jouerait également en 2, comme dans la partie. Ce qui est gênant, c'est qu'il reste le point vital A.

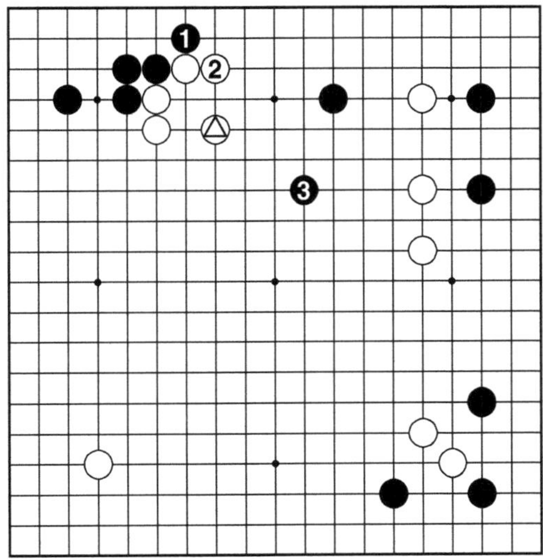

Diag. 7

Diagramme 7

Sur ce point, avec la pierre △, même si, plus tard, Noir fait le hane 1, Blanc garde une bonne forme avec le coup 2. De toute façon, cette partie va donner un combat au centre.

Alors, plutôt que de penser aux territoires, il vaut mieux préparer le combat.

Fig. 4 Coups 21 à 32

Figure 4

Maintenant, Noir est sorti au centre avec son coup 21. Et Blanc aussi, avec 22. Face à Noir qui essaye d'avoir une bonne forme avec ses coups 23 et 25, j'essaye de l'en empêcher avec le nozoki 26.

Avec le coup 32, Blanc renforce son groupe, et je trouve que le fuseki n'est pas mal pour Blanc.

Je voudrais ajouter un mot sur le combat du bord nord.

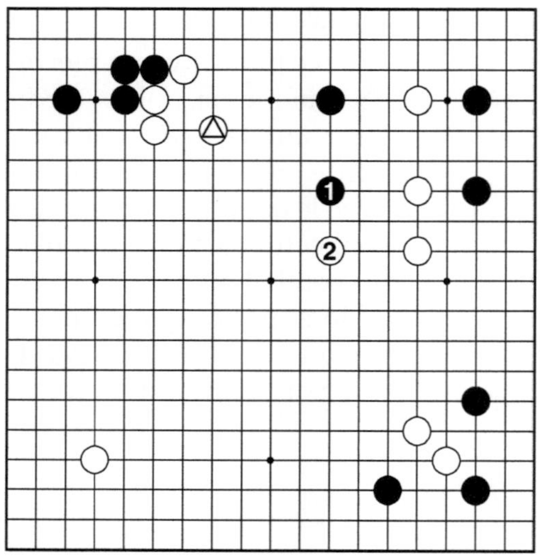

Diag. 8

Diagramme 8

À cause de la pierre △, le niken tobi 1 de ce diagramme n'est pas très intéressant, car il donne à Blanc le bon coup 2. Dans cette situation, toutes les pierres blanches travaillent au maximum et il est manifeste que Blanc est en position favorable.

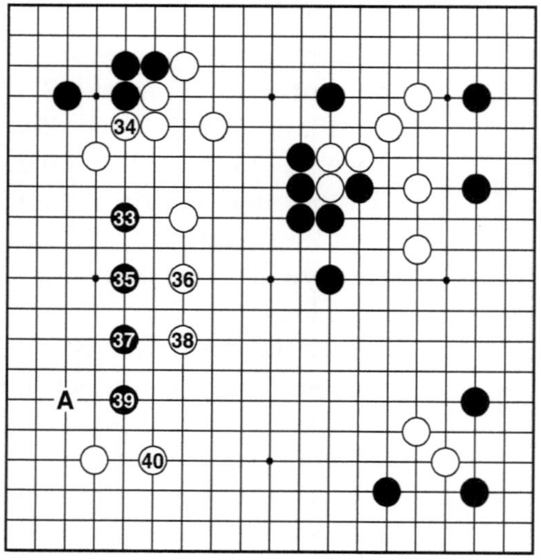

Fig. 5 Coups 33 à 40

Figure 5

Le coup 33 est trop sévère. À partir de ce moment, Blanc prend l'initiative de la partie (un coup noir en A aurait été normal).

Jusqu'au coup 40, les tobi créent deux groupes faibles. Si la bataille au centre doit avoir lieu, toutes les pierres blanches sont prêtes au combat.

Au fait, n'avez-vous pas remarqué que jusqu'à la figure 5, alors que Noir fait pas mal de territoire, Blanc n'a même pas un point ? !

Mais je vous l'ai dit : « il n'est pas nécessaire de chercher à faire du territoire ».

Le début de partie est comme la période de la naissance chez les hommes. Pendant cette période importante de la vie, si on ne pense qu'à l'argent (le territoire), on ne peut pas devenir un grand homme. À ce moment (au début de la partie), il importe de faire de l'influence pour se préparer au combat à venir. Et le territoire viendra tout seul, naturellement. (« La puissance engendre l'argent » comme le dit un proverbe japonais.)

Figure 6

Sur le coup résolu 41, Blanc coupe en 42 et 44. C'est peut-être le moment de transformer l'influence en territoire. Noir est obligé de jouer les coups 45 à 49 pour renforcer son groupe. Pendant ce temps, Blanc construit un grand territoire avec les coups 50 et 52. C'est la force de l'influence.

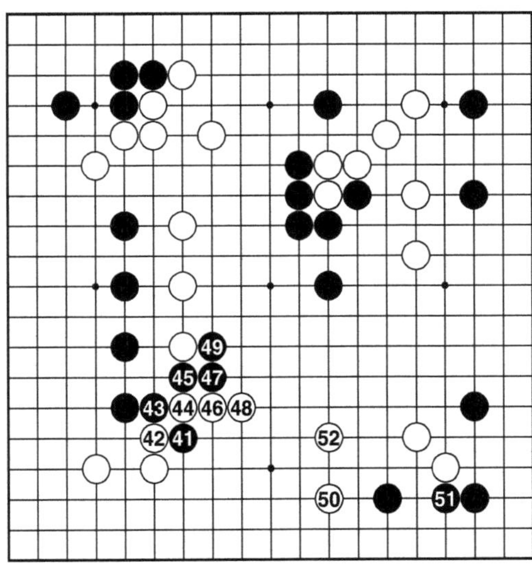

Fig. 6 Coups 41 à 52

Que pensez-vous du coup 14 de la figure 2 (page 124) ? Ce coup est joué comme si on lançait une pierre dans l'univers. Mais selon la façon de jouer, cette simple pierre peut se transformer en diamant. C'est de la folie, non ?

Résultat : Blanc gagne finalement de 4,5 points.

5e partie : GRAND MOYO EN DOUBLE KAMAE[1]

Partie à égalité, jouée en 1993, entre
Otake Hideo, 9e dan professionnel, Noir, et
Takemiya Masaki, Judan, Blanc.

M. Otake a un style de jeu fondé sur l'influence. Cependant, quand nous jouons ensemble, mes pierres vont encore au-delà des siennes.

La partie que je vous montre maintenant est une partie que j'ai gagnée grâce à l'influence. J'en suis assez satisfait. C'est une partie typique du style cosmique avec Blanc.

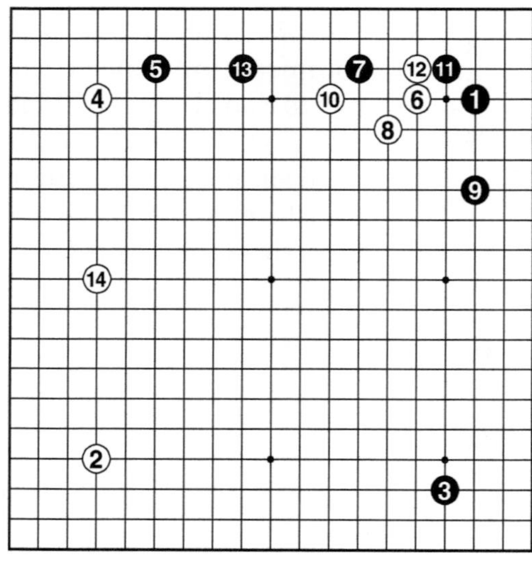

Fig. 1 Coups 1 à 14

Figure 1

Je ne joue quasiment que des hoshi, que ce soit avec Noir ou avec Blanc. C'est peut-être pour cela que mes adversaires peuvent préparer leur stratégie assez facilement. En réalité, le début de cette partie est exactement le même que celui de la partie que nous avions jouée un mois auparavant, au Meijin.

[1] *Le kamae se réfère à une position. Ici, le double kamae correspond à une position de repli qui apparaît quand la première position est attaquée. (Note du traducteur)*

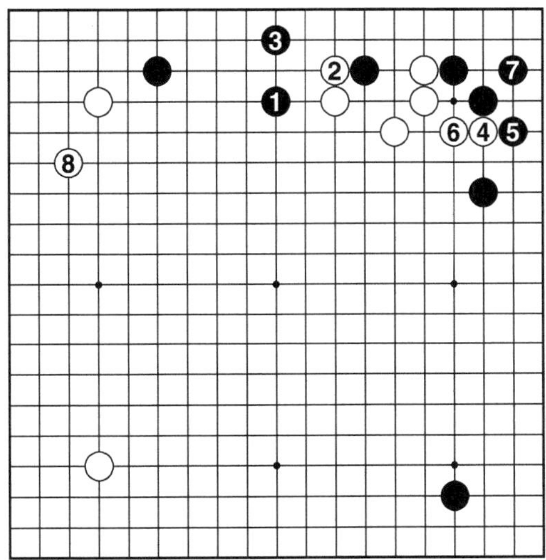

Diag. 1

Diagramme 1

Lors de cette partie du Meijin, M. Otake avait joué les coups 1 et 3. Cette fois-ci, il a joué tranquillement le niken-biraki, le coup 13 de la partie. On est en plein domaine de l'intuition : il y a donc des possibilités diverses.

Pour mon coup 14, j'avais bien envie de faire tenuki et de jouer sur un hoshi.

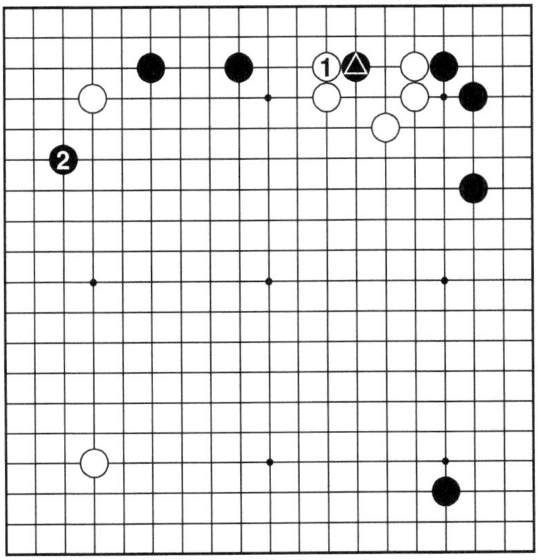

Diag. 2

Diagramme 2

Il y a sans doute des joueurs qui pensent qu'il est nécessaire de prendre la pierre ▲ avec le coup 1. Noir prendrait alors l'initiative en jouant la pince 2.

Si on regarde la situation globale sur le goban, on voit que le point du coup 14 de la partie est beaucoup plus important.

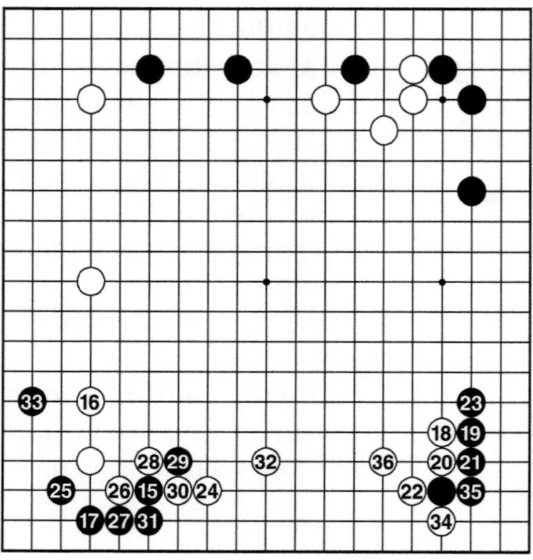

Fig. 2 Coups 15 à 36

Figure 2

Face au keima 17, le tenuki 18 et les nadare 20 et 22 sont une stratégie mûrement réfléchie. Ensuite, avec la pince 24, Blanc fait en bas un gros moyo.

Pour éviter la naissance de ce moyo, Noir aurait pu jouer le keima 19 en 36. Face au style cosmique, le fait de chercher à faire du territoire est un indicateur de son « fighting spirit ».

En fait, je vous montre ci-après la pire des façons de jouer pour Blanc.

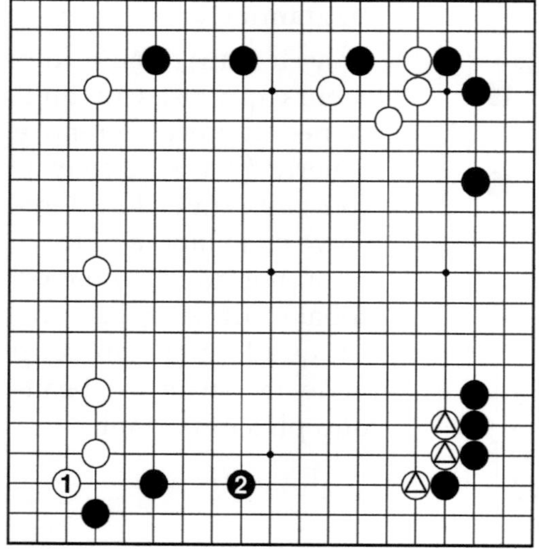

Diag. 3

Diagramme 3

Jouer le coup 24 de la partie en 1 de ce diagramme n'est pas très bon. Noir est très content de faire l'extension 2. Alors les trois pierres △ qui viennent d'être jouées sont mal placées.

Si vous voulez absolument jouer en 1, il ne faut pas faire le nadare.

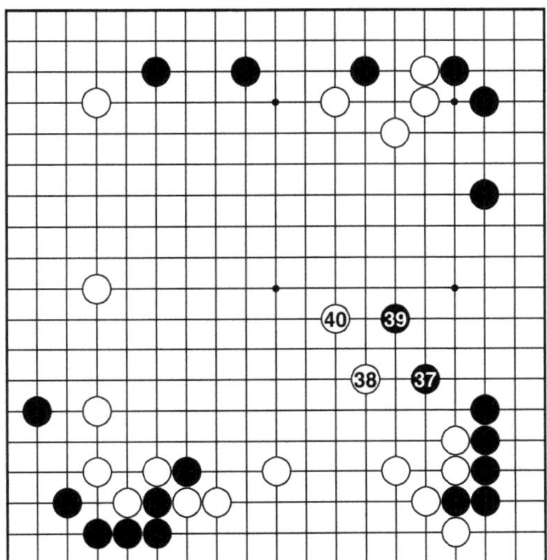

Fig. 3 Coups 37 à 40

Figure 3

Face aux coups 37 et 39, les coups 38 et 40 sont inévitables.

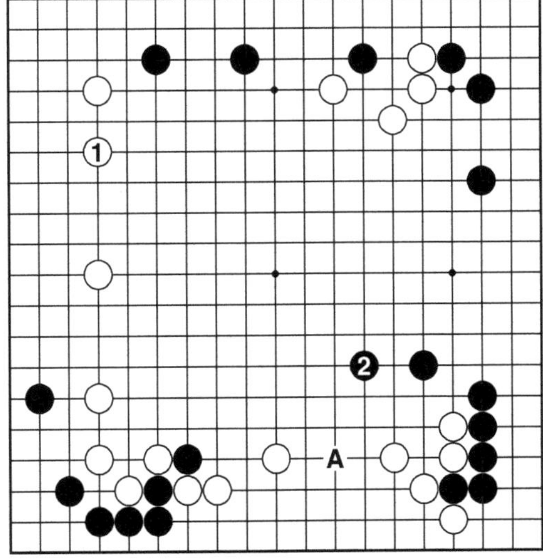

Diag. 4

Diagramme 4

Par exemple, si Blanc joue en 1 de ce diagramme, Noir n'hésite pas à jouer le tobi 2. L'ambition du moyo blanc du bas est complètement avortée. En outre, la faiblesse de Blanc en A deviendra très gênante.

Dans une partie de moyo, si on perd un tel point vital, la partie est déjà finie. On peut dire qu'il est nécessaire de travailler sans cesse pour aiguiser l'intuition.

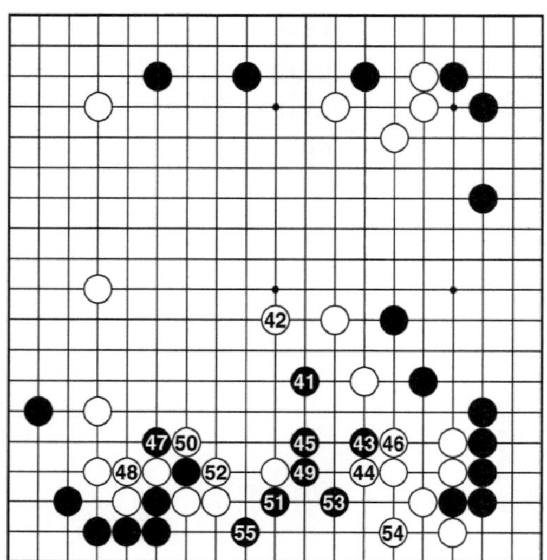

Fig. 4 Coups 41 à 55

Figure 4

Ce coup 41 ! Quelle invasion profonde ! Noir a l'intention d'envahir totalement le moyo blanc.

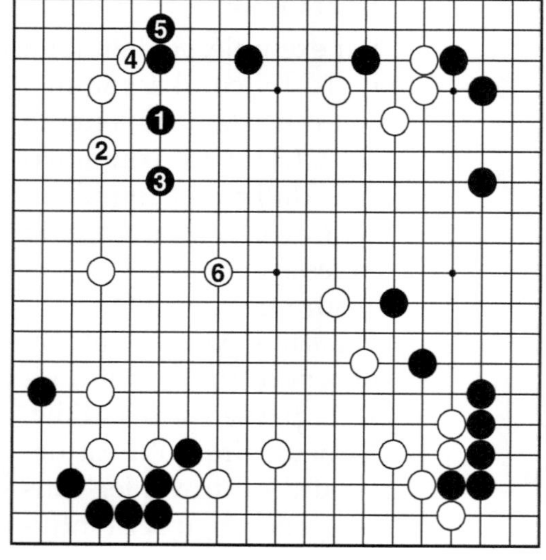

Diag. 5

Diagramme 5

Les deux tobi 1 et 3 sont une idée naturelle. Mais il est vrai que Blanc peut lui aussi espérer un grand territoire, en bas. C'est peut-être pour cela que Noir a fait ce choix, même avec un peu de risque.

Alors, le problème, c'est le prochain coup.

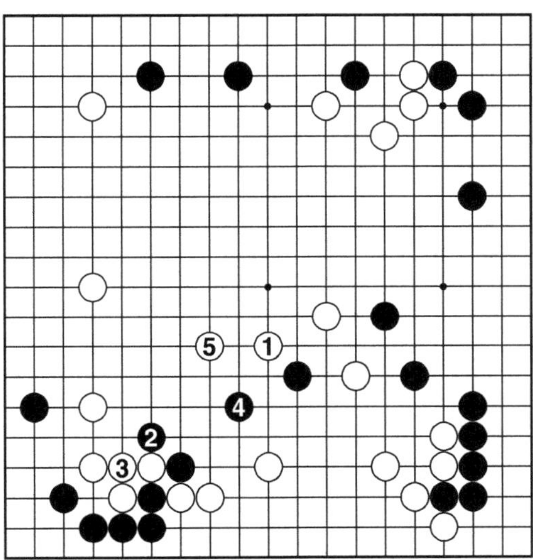

Diag. 6

Diagramme 6

Le keima 1 est un coup très sévère, et qui est tout à fait possible. Cependant, si on me demande si on peut capturer cette pierre, je ne sais pas quoi répondre.

Ici, j'ai choisi le tobi simple 42. Ce n'est pas bien difficile : au go, il est généralement suffisant de jouer des coups normaux.

Observez bien le résultat jusqu'au coup 55 : Noir vit tranquillement et le moyo blanc a complètement disparu. Il y a des joueurs qui doutent que Blanc soit réellement en retard. Il est vrai qu'il lui reste de l'espoir.

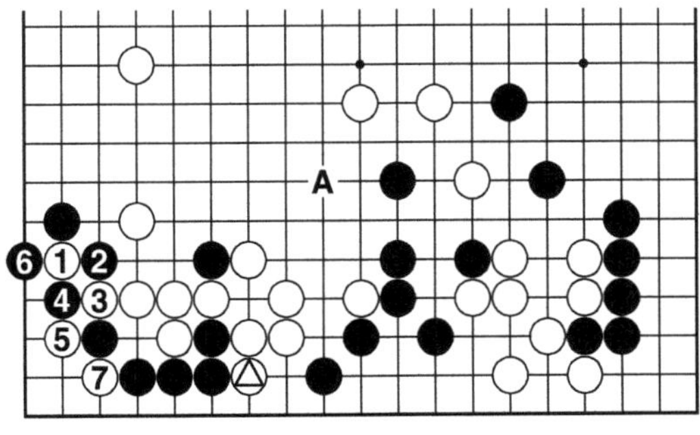

Diag. 7

Diagramme 7

Après l'osae △, Blanc peut faire un gros yose dans le coin, de 1 à 7.

Si Noir ajoute un coup dans le coin pour l'éviter (par exemple en 2), on peut dire que l'osae △ déconnecte les deux groupes noirs en sente.

En effet, le groupe noir du bas n'est pas encore complètement vivant. On peut dire, au moins, qu'un coup Blanc en A est sente.

Et il reste encore un autre espoir...

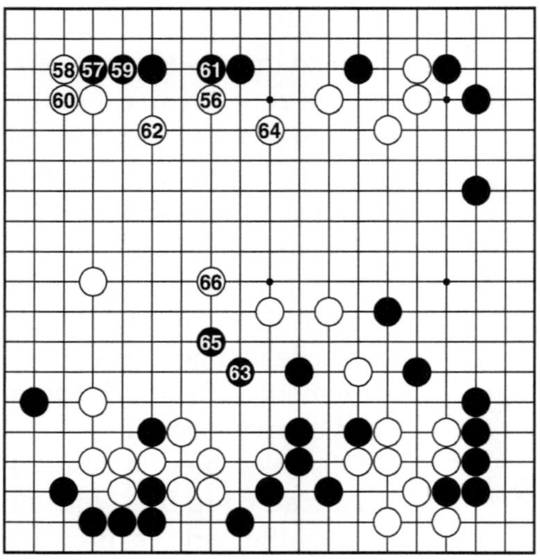

Fig. 5 Coups 56 à 66

Figure 5

...c'est le « moyo du double kamae ». C'est vrai que Blanc perd le moyo du bas. Mais, en enfermant le groupe noir du haut avec les coups 56 à 62, Blanc donne naissance à un autre moyo.

Cette idée montre la profondeur de la stratégie du grand moyo. Même si un moyo est envahi en un endroit, on peut créer un autre moyo tout à fait ailleurs.

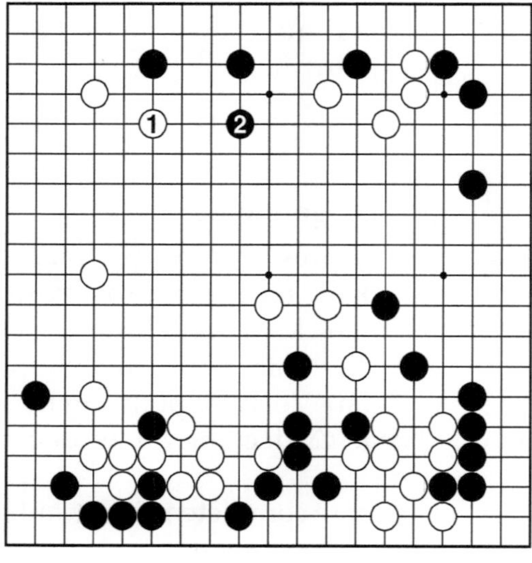

Diag. 8

Diagramme 8

Malgré tout, même si Blanc joue dans la bonne direction, des coups comme le keima 1 ne sont pas suffisants : Noir entre facilement dans le moyo blanc avec le tobi 2.

La technique du coup 56 de la partie est fréquemment utilisée, et je vous conseille de l'étudier. Elle sera un outil efficace pour développer vos moyo.

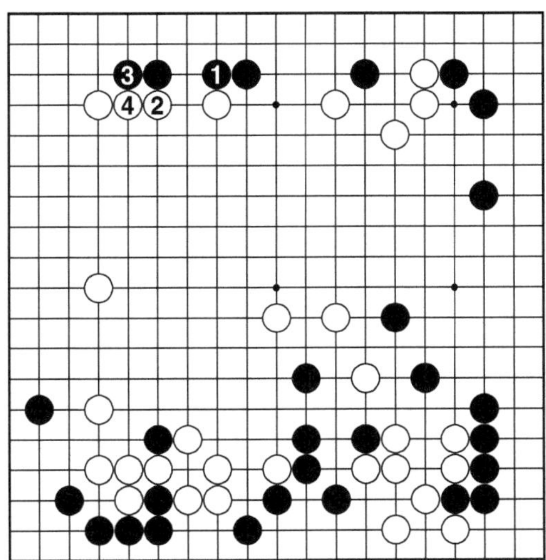

Diag. 9

Diagramme 9

En pratique, la réponse noire est difficile. La réponse simple en 1 provoque le tsuke 2 et Blanc s'est construit un mur très solide.

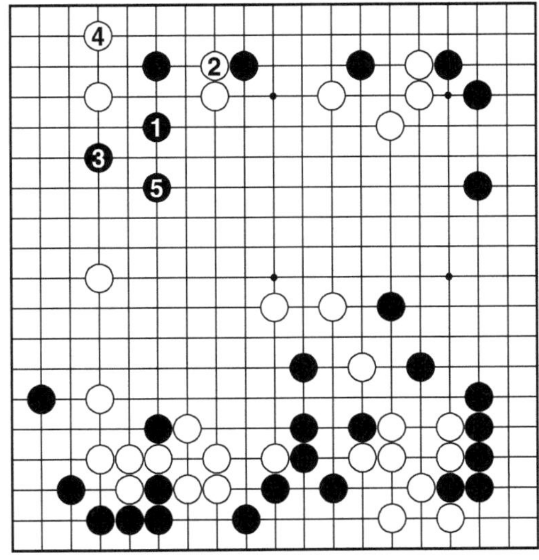

Diag. 10

Diagramme 10

Bien sûr, Noir peut jouer le tobi 1. Mais Blanc gagne un gros territoire avec sa réponse 2 ; et en outre, Noir n'est pas encore stable. Il est en position difficile.

Après l'échange des coups 57 à 60 de la partie, le coup 61 est une réponse longuement réfléchie. Tous ces coups ne sont pas vraiment naturels ; Noir est en difficulté.

Après le coup 66, j'étais sûr de gagner la partie.

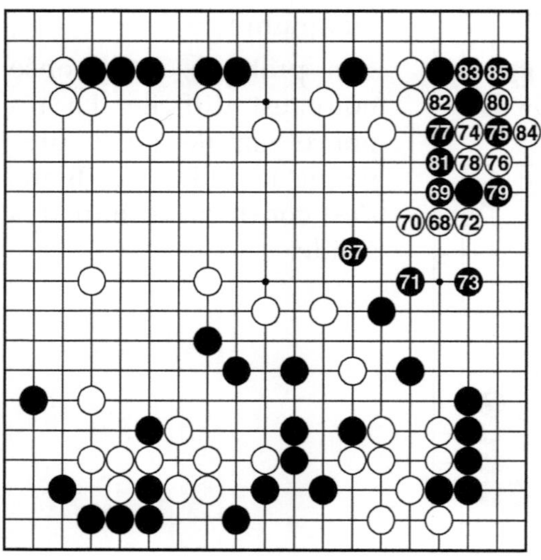

Fig. 6 Coups 67 à 85

Figure 6

« Le coup 67 est un coup perdant » m'a dit M. Otake. En effet, dans la partie, le coup 68 était tellement bon que Noir n'avait plus de bonne réponse face à ce coup.

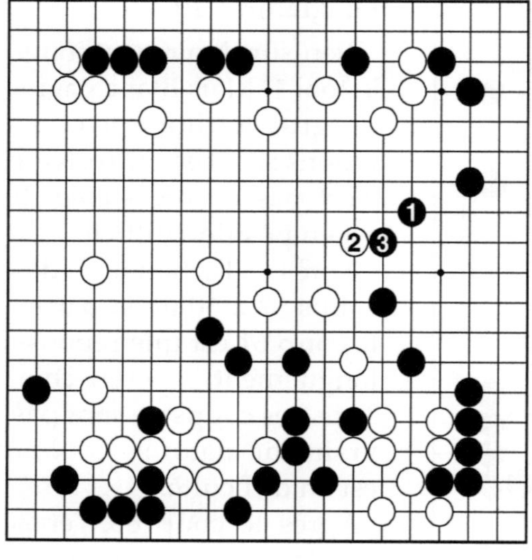

Diag. 11

Diagramme 11

Le keima 1 aurait été meilleur. Avec ce coup, Blanc ne peut faire le kikashi qu'en 2. Le bord est maintenant un territoire noir fermé. Je pense que Blanc est néanmoins en avance, mais cela aurait peut-être donné une partie serrée.

Dans la partie, les coups 74 et 76 sont des coups décisifs.

Je ne souhaite pas faire de commentaires compliqués..., mais, après le coup 85,...

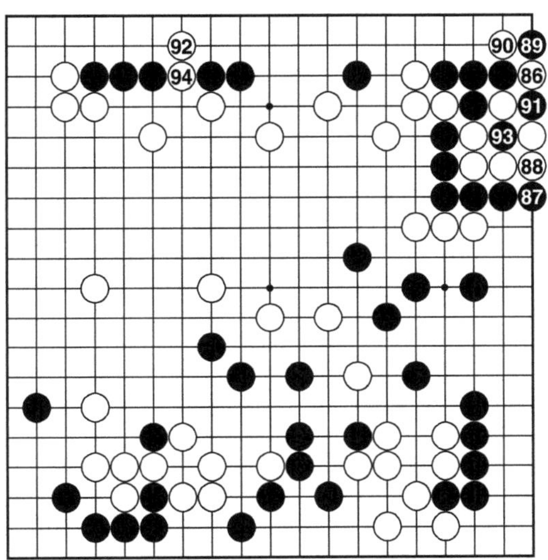

Fig. 7 Coups 86 à 94

Figure 7

...Blanc joue le ko avec son coup 86. Pour Blanc, il y avait une superbe menace, en 92.

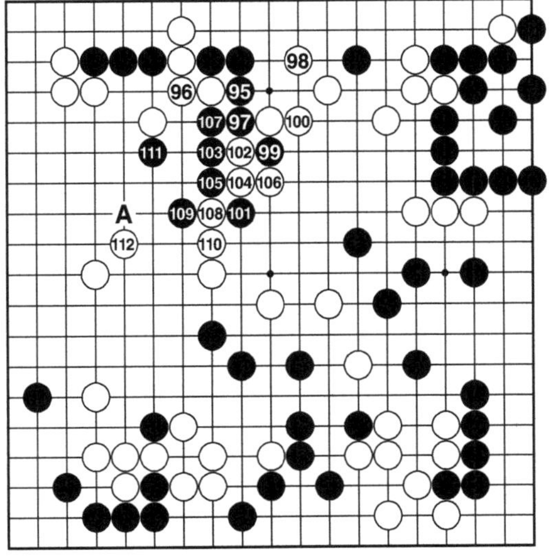

Fig. 8 Coups 95 à 112

Figure 8

Noir essaye de lancer le combat avec les coups 95 et 97. Blanc aurait pu tuer le groupe noir.

En le laissant vivre (si Noir joue en A, son groupe est quasiment vivant), je gagne tranquillement.

En comptant les territoires, Blanc est en avance.

Non seulement le moyo du bas a disparu, mais aussi le moyo du haut. Même en laissant vivre tous les groupes noirs, Blanc gagne.

Le but du moyo, ce n'est pas seulement de faire du territoire.

Résultat : Blanc gagne finalement de 9,5 points.

Chapitre 4

PROBLÈMES

Merci de m'avoir prêté votre attention jusqu'à ce stade. Dans ce dernier chapitre, je vous propose dix-huit problèmes pour récapituler tout ce que nous avons vu jusqu'ici.

Il n'y a pratiquement aucun problème difficile : diriger ses pierres vers le centre, jouer le coup brillant, regarder le goban avec pureté, ne pas croire au sens commun ni à la théorie,... Si vous avez compris ce que je vous ai raconté dans ce livre, vous trouverez facilement les solutions.

Quasiment tous les problèmes sont fondés sur mes parties. Les lecteurs attentifs connaissent donc déjà leur solution. Mais il y a peut-être des coups meilleurs que ceux que j'ai joués. Au go, on a rarement des réponses exactes. On est donc condamné à faire confiance à son feeling.

Si vous trouvez un coup qui vous paraît meilleur que le mien, apprenez-le moi, s'il vous plaît.

1er problème : MÉFIEZ-VOUS DU SENS COMMUN

À Noir de jouer.

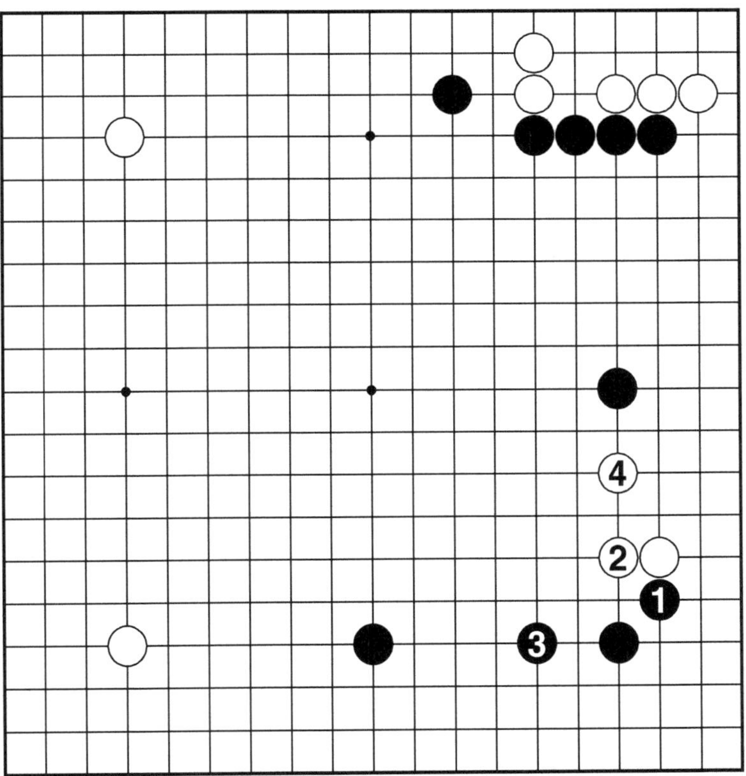

Les coups noirs 1 et 3 sont les coups d'attaque standard que vous trouvez dans beaucoup de livres. Les joueurs forts connaissent déjà la réponse au coup 4.

Mais ce « sens commun » est-il vraiment juste ? La nouvelle idée est née du doute sur le sens commun.

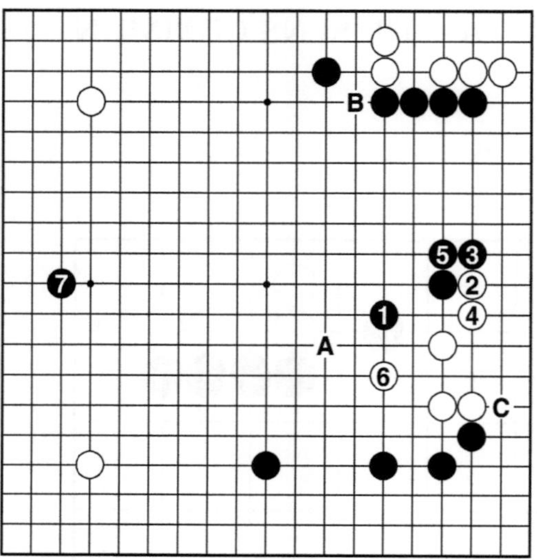

Sol. du problème 1

Solution (l'importance centrale)

Le keima 1 est le coup que je vous conseille. Dans les livres, on dit que ce coup est mauvais car Blanc se stabilise facilement avec les coups 2 et 4. Mais ce n'est pas vrai.

Après le coup blanc 6, on peut encore attaquer le groupe blanc en A ou bien jouer le wariuchi 7.

Comme le centre devient solide, un coup blanc en B ne fait plus peur à Noir. En outre, Noir peut continuer à attaquer le groupe blanc avec le hane C.

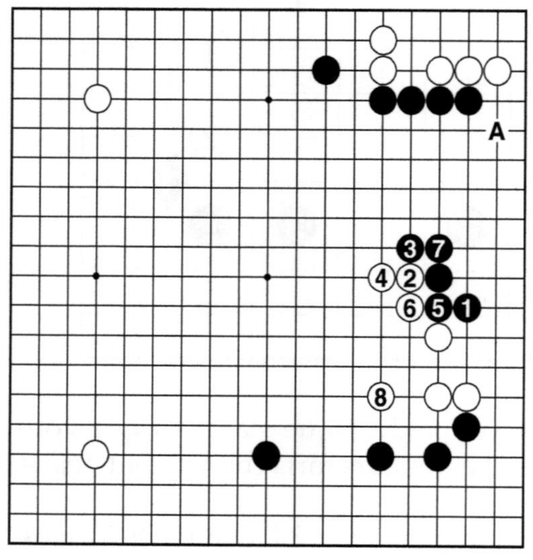

Diag. 1

Diagramme 1 (le bord ouvert...)

L'attaque standard est le kosumi 1. Mais après la séquence des coups 2 à 8, Blanc se stabilise ; en outre, le bord droit de Noir est encore ouvert (Blanc jouera en A plus tard).

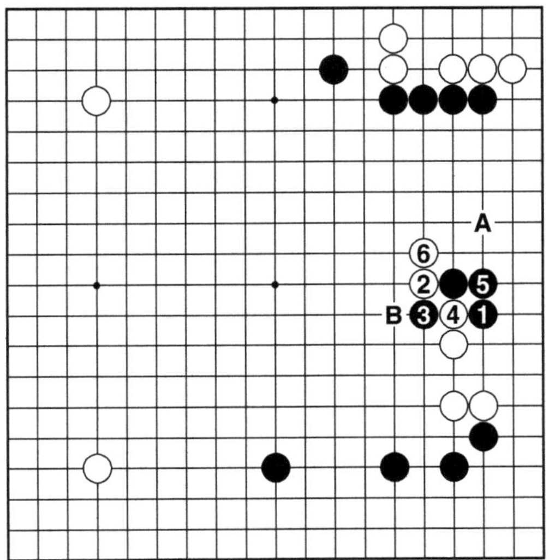

Diag. 2

Diagramme 2 (risque pour Noir)

La réaction noire en 3-5 au coup blanc 2 est risquée. Après le coup 6, les points A et B sont miai.

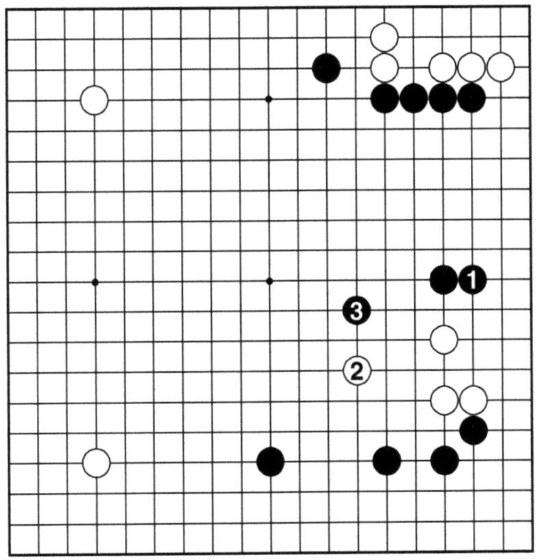

Diag. 3

Diagramme 3

Pour enlever à Blanc la base de vie, il est préférable de jouer le tetchu 1. Dans ce cas, Blanc ne peut plus jouer le tsuke 2 du diagramme 1. Pourtant ce coup est moins bon que le coup de la solution.

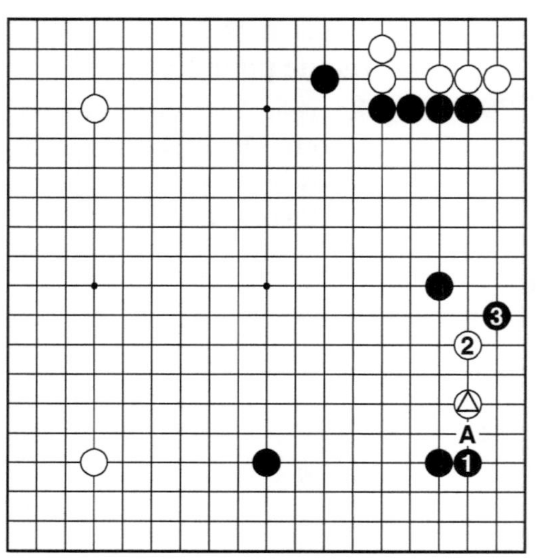

Diag. 4

Diagramme 4 (la bonne forme)

J'ajoute ce petit mot : après le kakari △, le sagari 1 est la bonne forme, plutôt que le coup en A. Face au coup blanc 2, enlever la base de vie avec le coup 3 me paraît beaucoup plus propre.

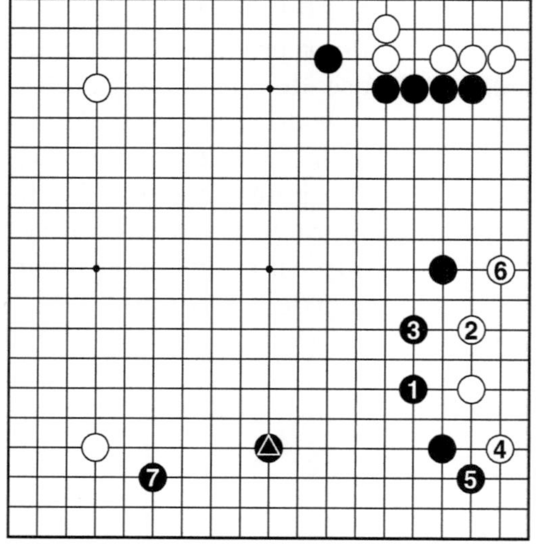

Diag. 5

Diagramme 5 (mon conseil)

Dans certains livres, le boshi 1 est interdit. Mais après avoir fait vivre le groupe blanc jusqu'au coup 6, jouer le kakari 7 est une idée très intéressante. Maintenant la pierre ▲ brille, non ?

2e problème : LE COUP BRILLANT

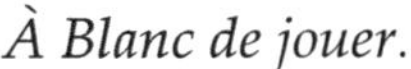

À Blanc de jouer.

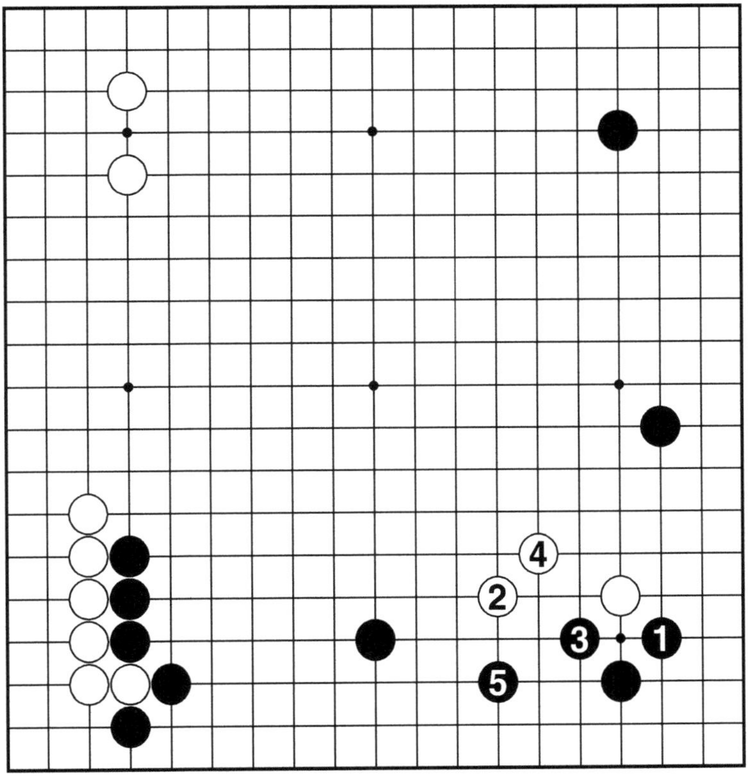

En réponse au coup noir 1, les sabaki blancs 2-4 visent à faire une forme légère. Ces trois pierres blanches ne doivent pas être attaquées.

Grâce à ce principe, trouvez le coup brillant. Bien sûr, c'est un problème de direction...

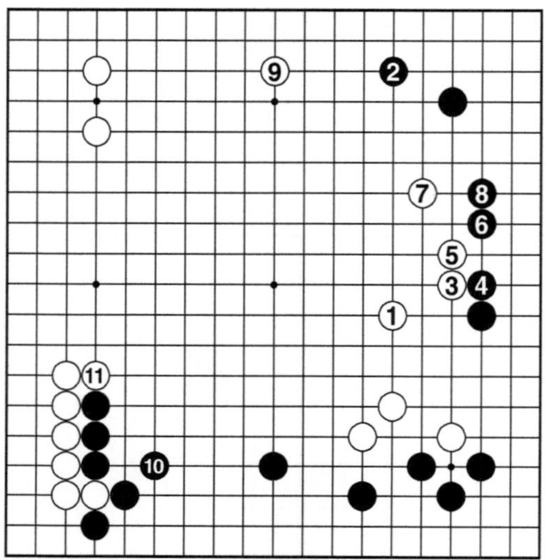

Sol. du problème 2

Solution (la force centrale)

Le coup blanc 1 est le coup-clé. Noir joue le shimari 2, mais Blanc a maintenant un excellent coup : le kata-tsuki 3.

Après avoir joué les kikashi jusqu'au coup 7, Blanc prend le bord avec 9 et il joue ensuite le magari 11. Ne trouvez-vous pas que toutes les pierres brillent au centre ?

Le territoire que Noir a gagné : ce n'est pas grand-chose ! Je voudrais plutôt attirer votre attention sur l'influence acquise par Blanc au centre.

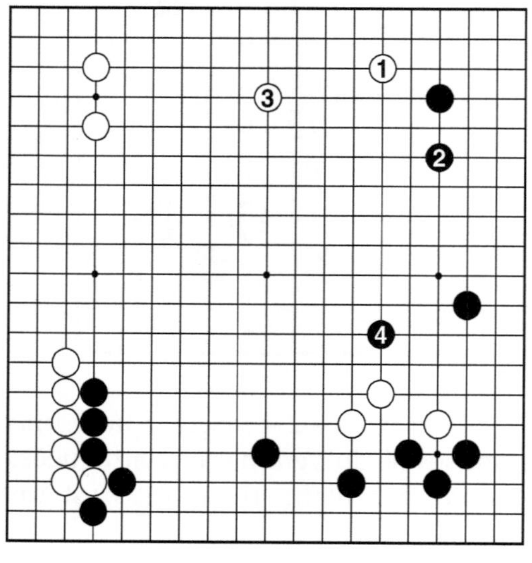

Diag. 1

Diagramme 1 (le coup-clé 4)

Si vous cherchez à faire du territoire, Noir jouera le coup-clé 4. Le territoire que Blanc a gagné sera tout de suite récupéré.

3e problème : LA DIRECTION DE L'ATTAQUE

À Noir de jouer.

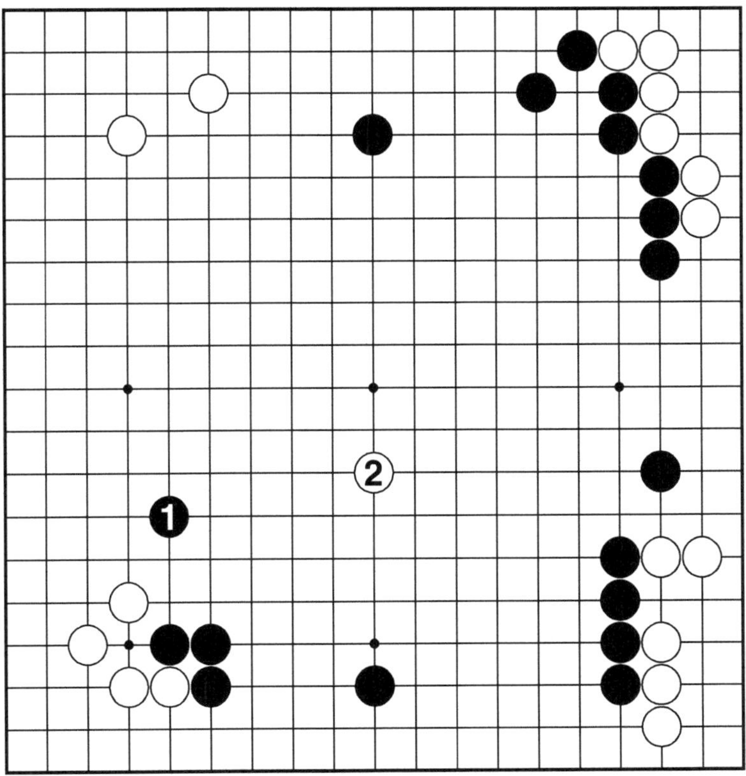

Le coup noir 1 est un peu exagéré, mais je pensais que cela allait bien marcher. Comment réagir maintenant à l'invasion blanche 2 ? Ce problème permet d'évaluer votre sens du jeu.

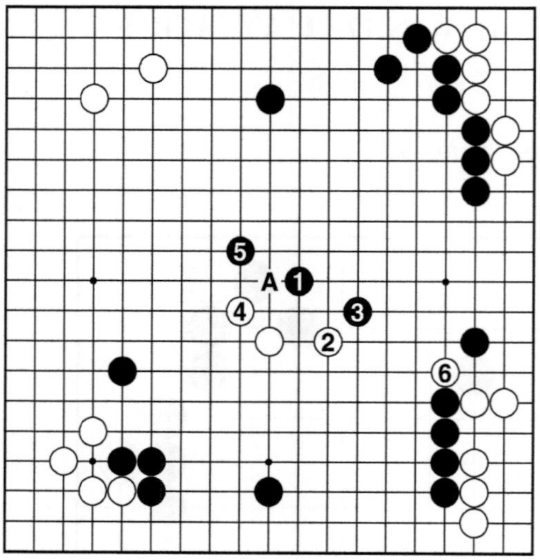

Sol. du problème 3

Solution (le coup dont je suis fier)

« J'aime bien les parties de gros moyo, mais je ne gagne pas souvent. »

J'entends souvent ce genre de propos.

Il y a deux raisons possibles à ces échecs :

– L'une est de croire que le moyo, c'est du territoire. Donc, si l'adversaire vient à envahir, on essaye à tout prix de faire du territoire et, si l'on regarde bien, on voit qu'on est en retard au niveau du territoire.

– L'autre est de se tromper dans la direction de l'attaque. Il faut pouvoir attaquer avec efficacité la pierre qui vient d'envahir le moyo ; si l'adversaire réussit à faire sabaki et à vivre sur place, c'est la fin de la partie.

Si vous savez dans quelle direction il faut jouer, même si votre adversaire réussit à stabiliser sa pierre d'invasion, il y aura encore d'autres possibilités.

Par exemple, dans cette partie, le coup noir 1 est le coup dont je suis fier. Je pense que ce coup résulte de ce que je regarde le goban avec pureté, sans a priori.

Ensuite, après le coup blanc 2, Noir attaque en 3, puis en 5. La zone du haut devient la zone du moyo noir.

Blanc joue alors le coup 6 qu'il visait.

L'une des raisons du coup noir 1, au lieu de A, est justement la faiblesse de Noir en 6.

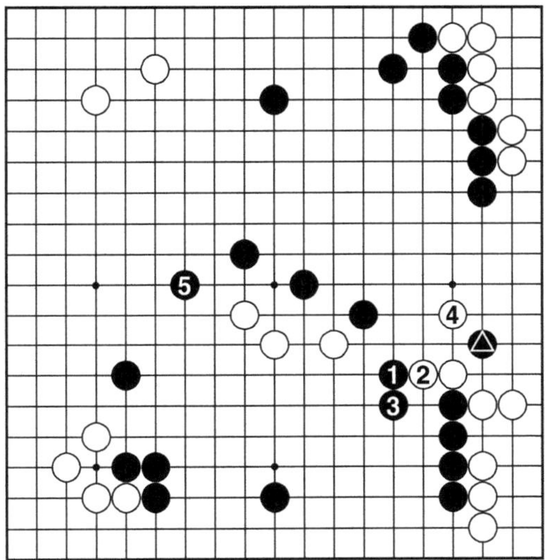

Diag. 1

Diagramme 1
(sacrifier simplement)

Ici le thème, c'est le centre. La pierre ▲ n'a donc aucune importance. Jouer maintenant le coup 1 est une très bonne idée, malgré les points engrangés par les coups 2 et 4.

C'est Noir qui peut jouer au point 5, et il est alors en avance.

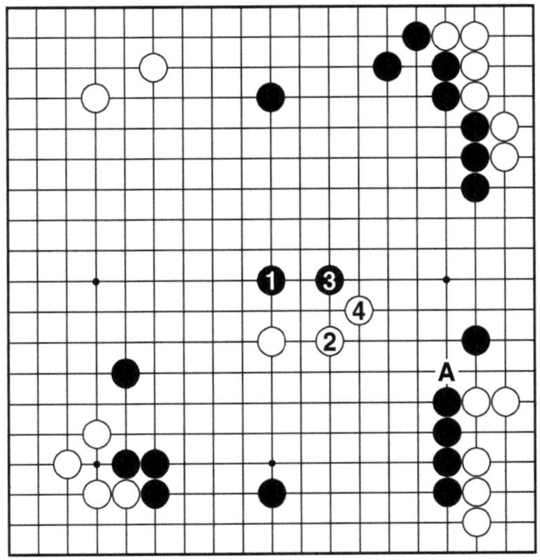

Diag. 2

Diagramme 2
(réponse assez bonne)

Si Noir joue le coup 1, la direction de son attaque est bonne, mais Blanc exploitera la faiblesse noire en A avec les coups 2 et 4.

Par rapport à la bonne réponse (qui est plus solide), je trouve que c'est un peu moins bon.

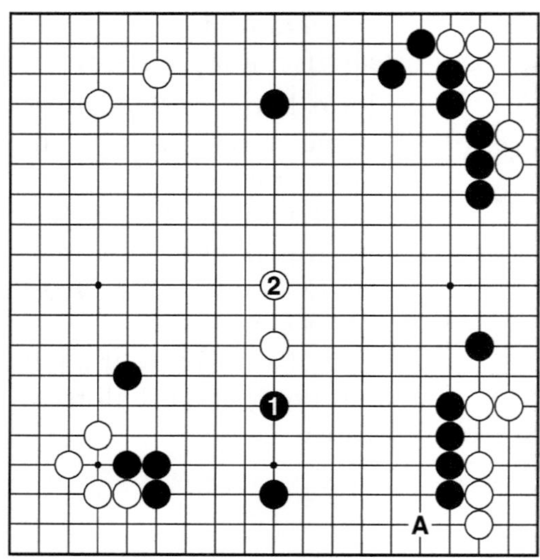
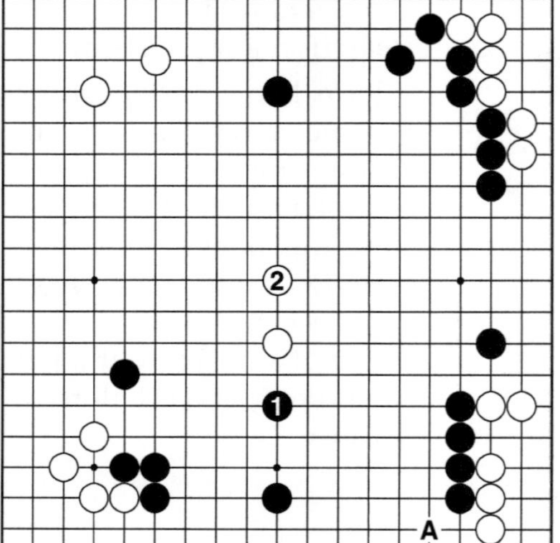

Diag. 3

Diagramme 3 (direction ratée)

Jouer le coup 1 pour faire du territoire, c'est le pire !

À cause du tobi blanc 2, la force du moyo noir central est sensiblement diminuée ; et le bord sud reste encore difficile à transformer en territoire (Blanc peut faire le tobi A).

C'est l'exemple typique de l'erreur de direction par gourmandise.

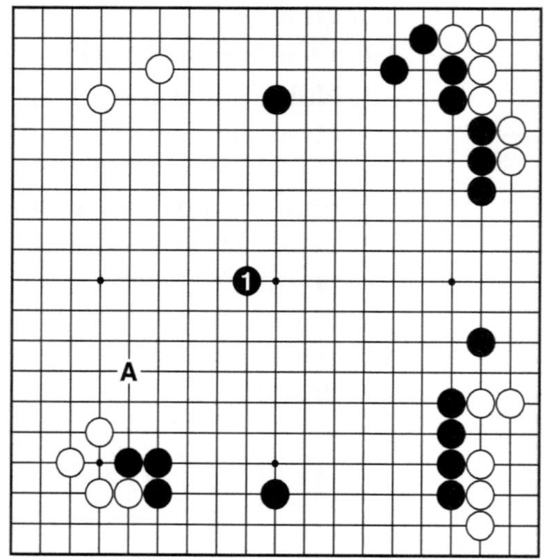

Diag. 4

Diagramme 4

Au stade juste avant le problème posé, au lieu de jouer en A, Noir peut aussi jouer le coup 1 habituel.

Mais moi, je ne peux pas jouer le coup « habituel »...

4e problème : LE « FEELING » TRANQUILLE

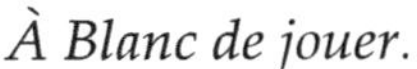

À Blanc de jouer.

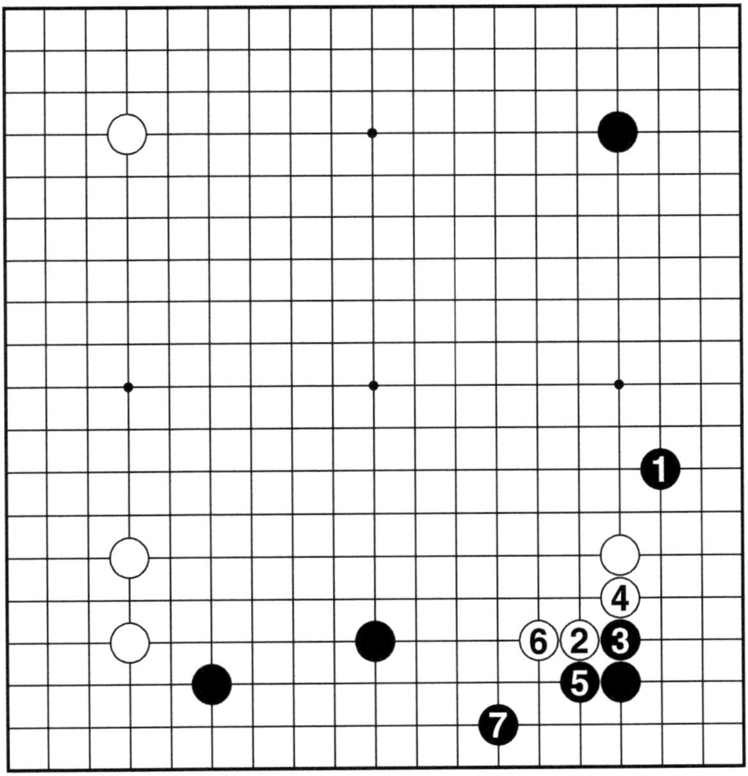

Suite à la pince 1, Blanc joue le kata 2 et, comme d'habitude, je fais de l'influence. C'est le sens global qui permet de voir que Blanc n'est pas mal, forçant Noir à jouer des coups bas.

Le problème, c'est le coup suivant. Il y a pourtant des gros coups. Mais vous n'avez pas besoin de vous presser. Le « feeling » tranquille est aussi un des éléments importants du style cosmique.

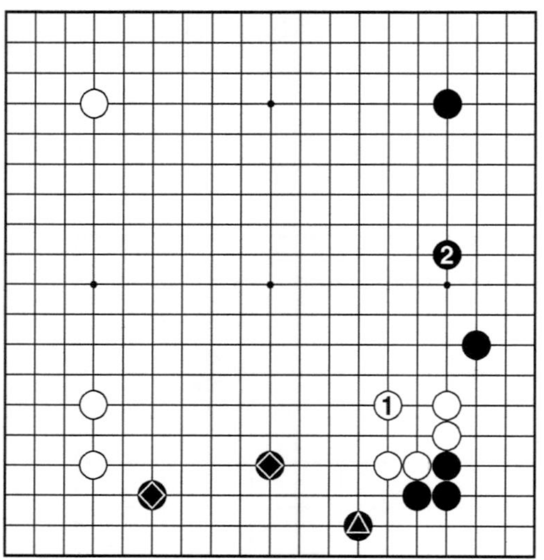

Sol. du problème 4

Solution

Le coup 1 de ce diagramme est la bonne réponse : c'est le coup honte (prononcez « hon'té »).

Sans renforcer ce groupe, on ne peut pas espérer d'influence au centre.

Une petite remarque : du fait que Noir a joué le suberi ▲, les deux pierres ◆ ont perdu leur intérêt. Certains pensent que Noir a beaucoup de territoire, et que c'est bon pour lui. Mais pour le travail des pierres, je trouve que c'est plutôt Blanc qui est bien.

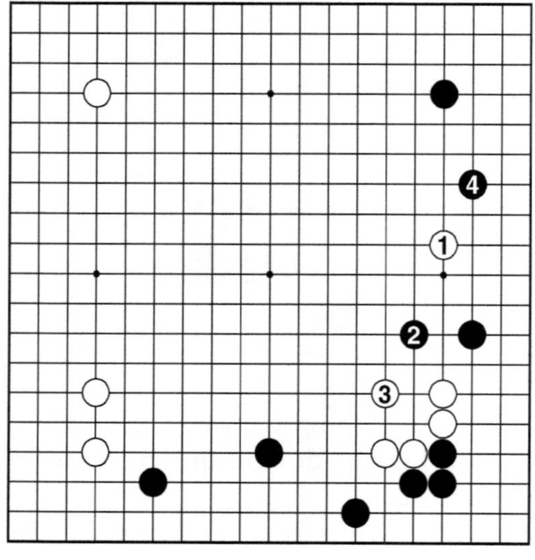

Diag. 1

Diagramme 1

Il est bien possible d'attaquer la pierre noire avec le coup 1, mais je n'aime pas ce coup, car la partie devient très compliquée.

5e problème : MIEUX VAUT JOUER SIMPLE

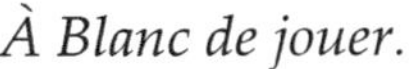

À Blanc de jouer.

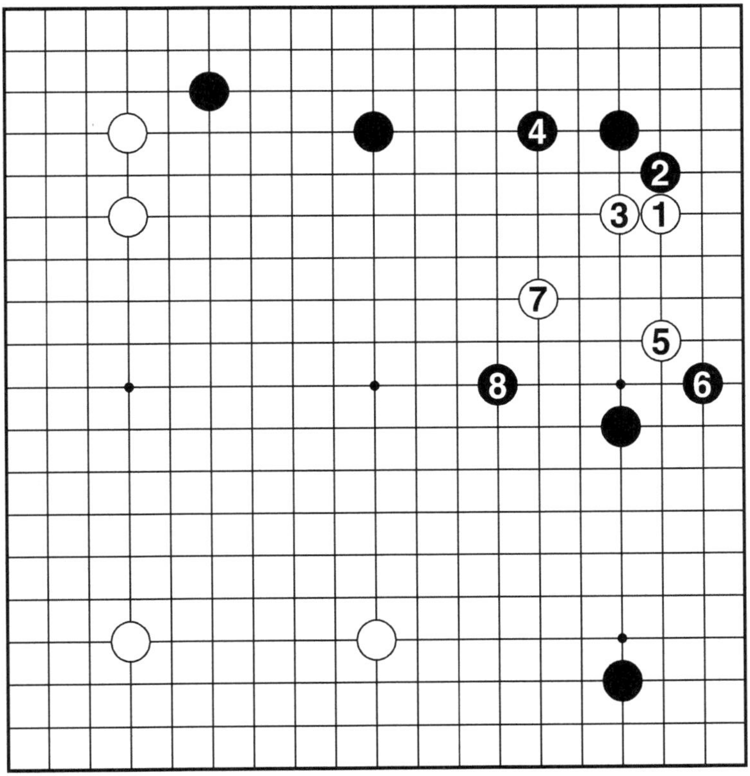

Avec ce problème facile, j'espère que vous vous reposerez un peu.

Du kakari 1 au coup 7, c'est un quasi-joseki du fuseki chinois. Maintenant Noir a l'intention de continuer l'attaque avec le coup 8.

Pour le coup suivant, je vous donne une indication très gentille : mieux vaut jouer simple.

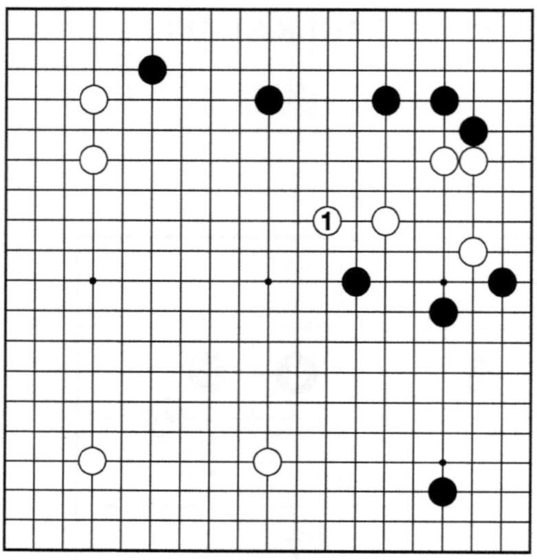

Sol. du problème 5

Solution (le tobi)

Je trouve de la beauté dans les pierres qui se dirigent vers le centre, et c'est bien ce que fait le tobi, n'est-ce pas ?

À partir du moment où Blanc sort son groupe, il peut désormais viser les faiblesses de Noir.

Diag. 1

Diagramme 1 (superbe encerclement)

C'est un peu gênant de trop tourner les yeux vers le territoire, comme avec le coup 1 de ce diagramme. Noir ferait immédiatement le boshi 2. Si Blanc joue en A, son groupe pourra vivre, mais c'est insupportable de se laisser enfermer et de vivre tout petit.

6e problème : LE CENTRE OU LE BORD ?

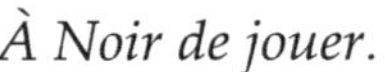

À Noir de jouer.

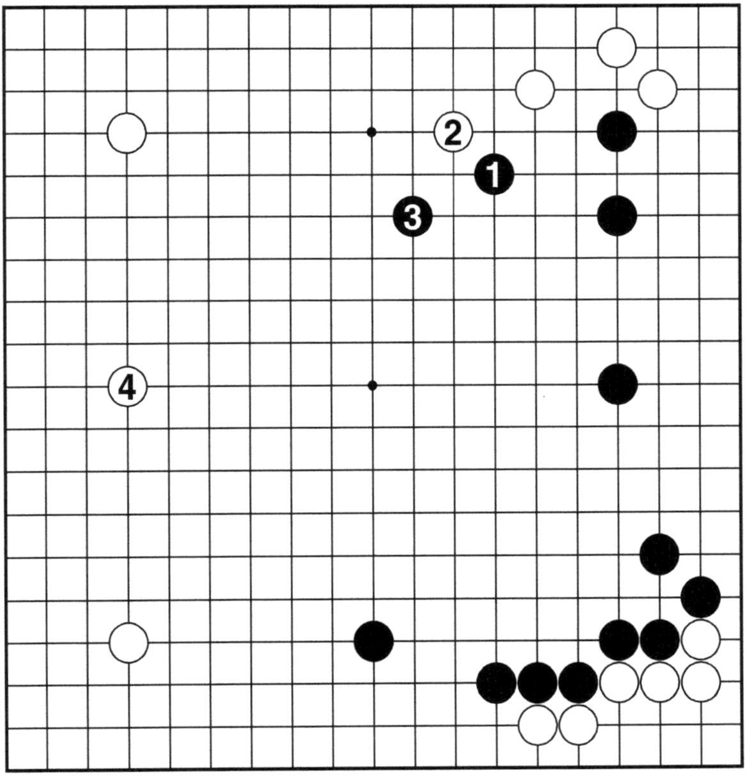

C'est une partie où Noir développe son moyo avec les coups 1 et 3 et où Blanc joue le san-ren-sei avec 4.

Et maintenant, faut-il jouer au centre ou au bord qui est ouvert ? C'est un choix très important.

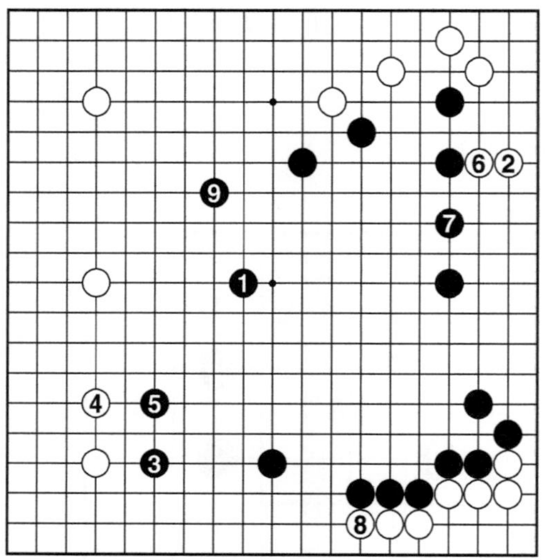

Sol. du problème 4

Solution (importance du centre)

Toutes les pierres noires sont prêtes à faire le moyo au centre. Noir n'a qu'à continuer son chemin.

Noir 1 est à peu près le bon point. Le suberi 2 n'est pas du tout gênant. Le moyo central s'est développé au maximum avec les coups 3 et 5 ; et il est presque devenu un territoire.

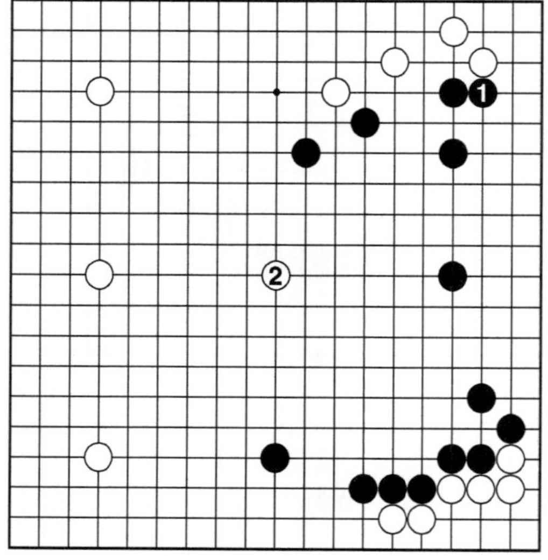

Diag. 1

Diagramme 1 (taille rabougrie)

Si vous jouez en 1, vous manquez vraiment de courage ! Et si vous êtes satisfait de votre petit territoire à l'est, vous êtes encore plus petit que votre moyo résiduel après le coup blanc en 2...

7e problème : TERRITOIRE ET COMPENSATION

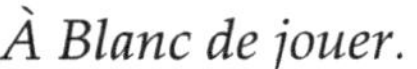

À Blanc de jouer.

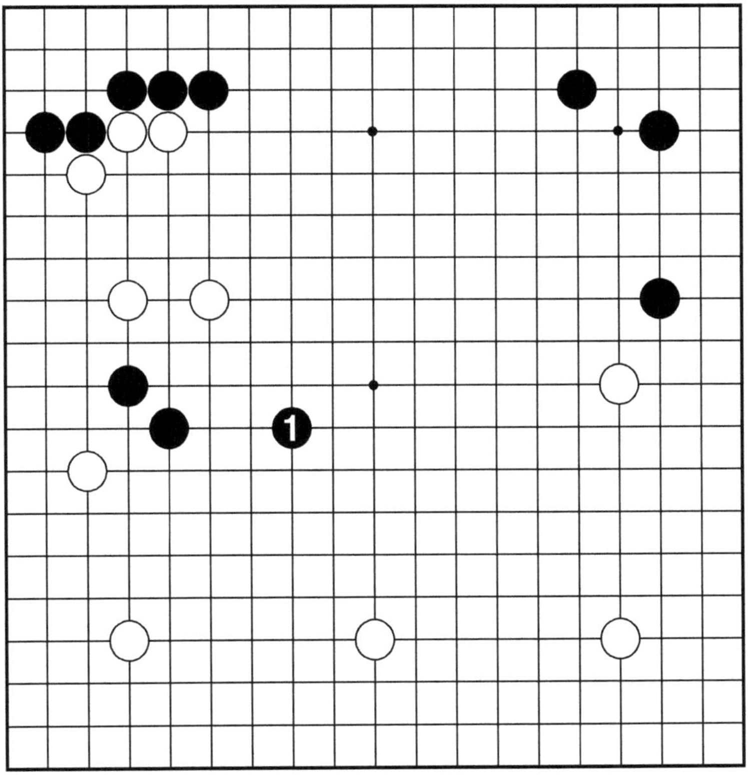

Noir vient de sortir vers le centre avec le coup 1. Par rapport à Noir qui a gagné du territoire petit à petit, Blanc n'a aucun point précis. Par contre, Blanc est plus fort au centre.

Que doit chercher Blanc en compensation du territoire ?

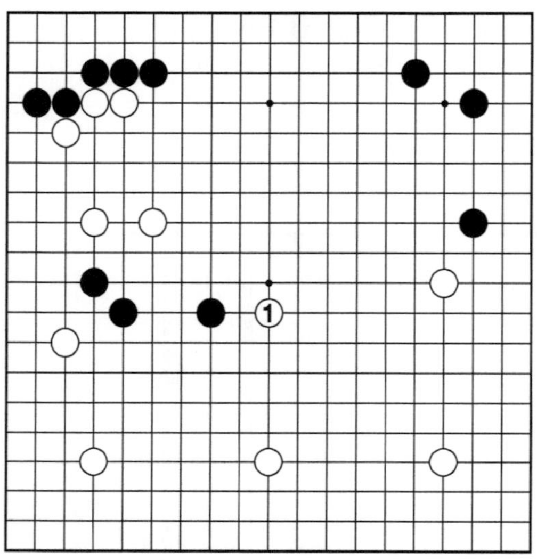

Sol. du problème 7

Solution (boshi)

Bien sûr, Blanc doit jouer le boshi 1, sur la troisième pierre noire. Le san-ren-sei devient très efficace.

Pendant quelque temps, Blanc peut se « nourrir » avec ce moyo.

Diag. 1

Diagramme 1 (hors sujet)

Le coup blanc 1, par exemple, est complètement hors sujet.

Si noir joue le tobi 2, Blanc ne peut plus envisager d'attaque sévère. En outre, je trouve que les pierres blanches de la zone basse deviennent très faibles.

8e problème : LE MAUVAIS COUP QUI ATTIRE

À Noir de jouer.

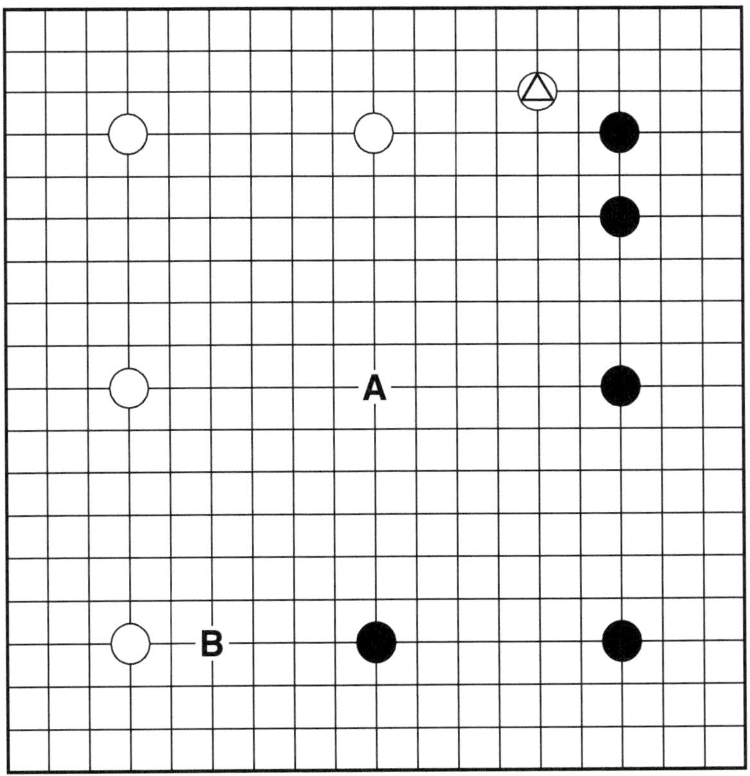

D'habitude, dans le style cosmique, on jouerait plutôt en A ou en B.

Pourtant, je n'ai choisi ni l'un, ni l'autre de ces coups. Pour faire de la pierre ◬ un mauvais coup, j'ai voulu choisir une aventure un peu risquée pour le style cosmique.

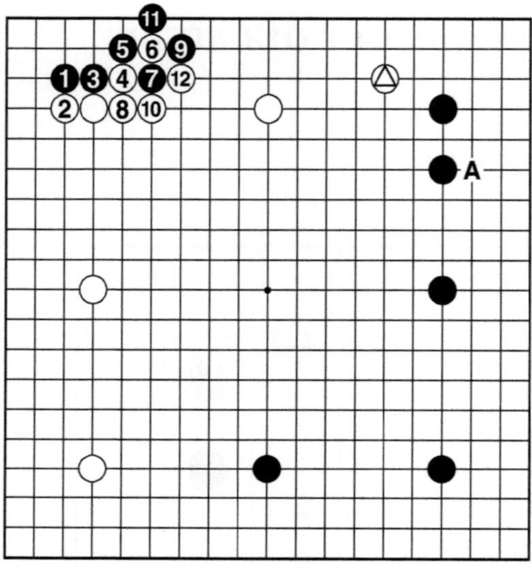

Sol. du problème 8

Coup 13 en 6

Solution
(le san-san)

Même dans le style cosmique, je joue au san-san. Mais ce n'est pas pour faire du territoire. Imaginant la séquence jusqu'au coup 13, je voulais faire de △ un mauvais coup ; c'est comme si, après avoir joué cette séquence, Blanc avait joué le kakari △ du mauvais côté (ce serait alors mieux de jouer ce kakari en A).

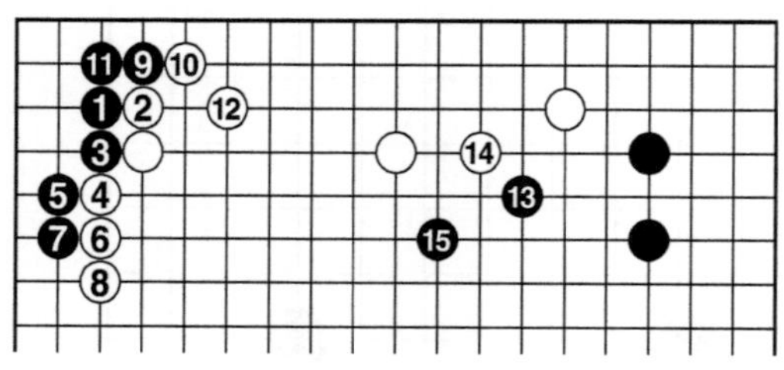

Diag. 1

Diagramme 1
(deux très bons coups)

Si Blanc prend l'autre côté avec le coup 2, après le coup 12, les coups 13 et 15 deviennent très bons.

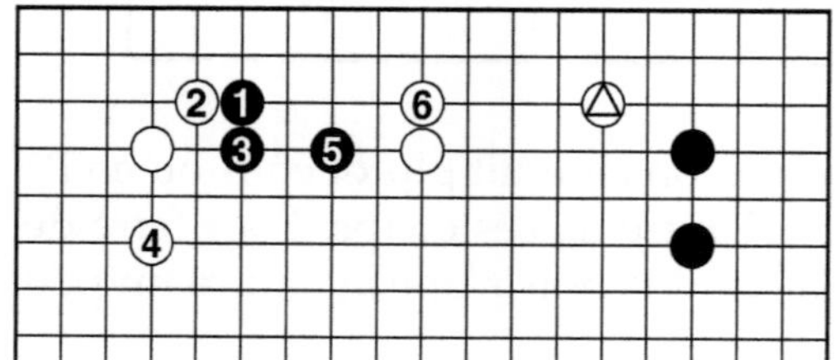

Diag. 2

Diagramme 2
(mécontent)

Le coup noir 1 provoque la séquence jusqu'à 6 ; et on voit bien qu'ensuite la pierre △ est bien placée.

9e problème : MÊME EN FERMANT LES YEUX...

À Blanc de jouer.

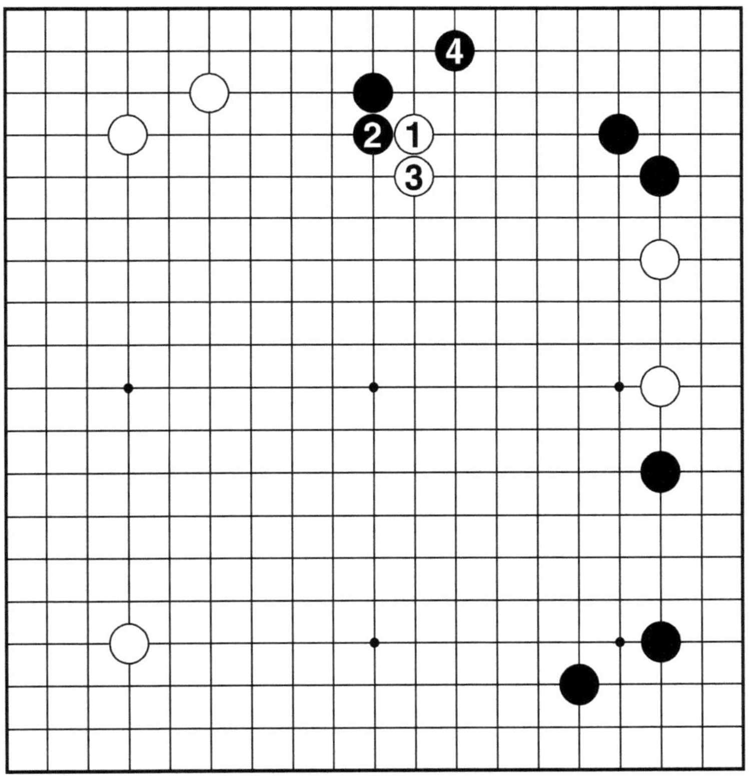

Si j'ai fait le kata-tsuki 1, ce n'est pas pour effacer le moyo, mais plutôt pour créer de l'influence.

Alors vous avez compris ce qu'il faut faire, n'est-ce pas ?

C'est un problème dont vous devez trouver la solution, même les yeux fermés.

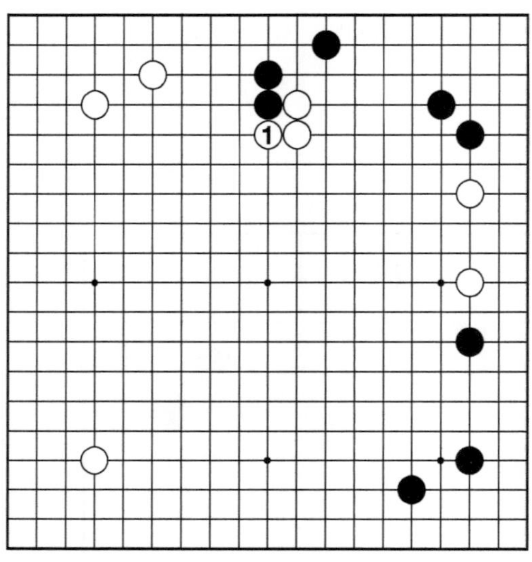
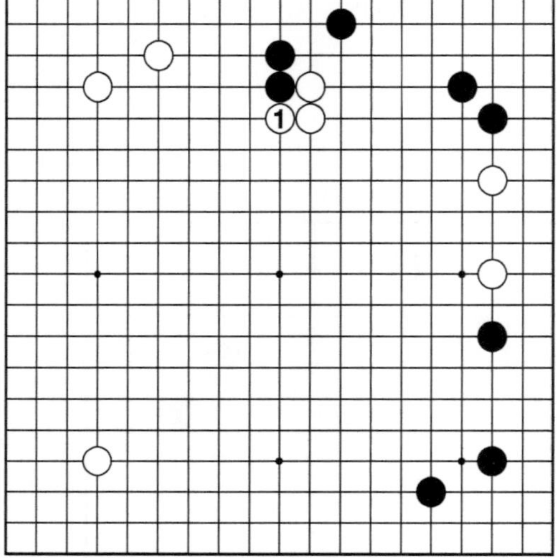

Sol. du problème 9

Solution (magari de mille Ryo[1])

Je ne peux penser qu'au magari 1. Avec ce coup, Blanc prend l'initiative au centre. C'est vraiment le « magari de mille Ryo ».

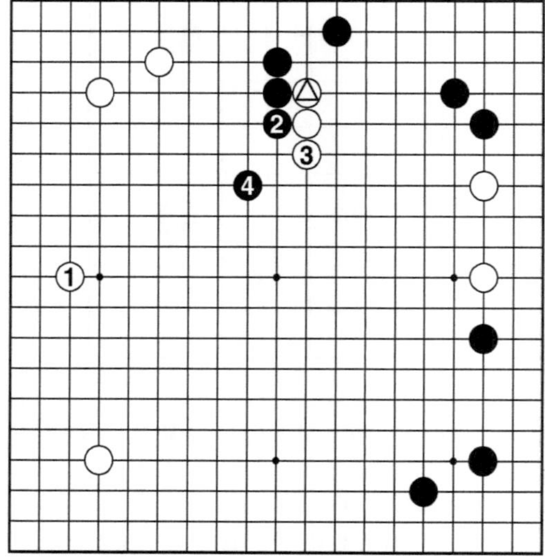

Diag. 1

Diagramme 1 (hors sujet)

Blanc 1 est un gros point, mais il est hors sujet.

Si Noir sort vers le centre avec les coups 2 et 4, on ne voit plus pourquoi la pierre △ a été jouée.

[1] *Le Ryo est une ancienne monnaie japonaise... Cette expression fait référence à un coup capital, décisif pour le gain de la partie. (Note du traducteur)*

10e problème : LE COUP DE L'INTUITION

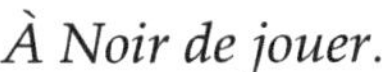

À Noir de jouer.

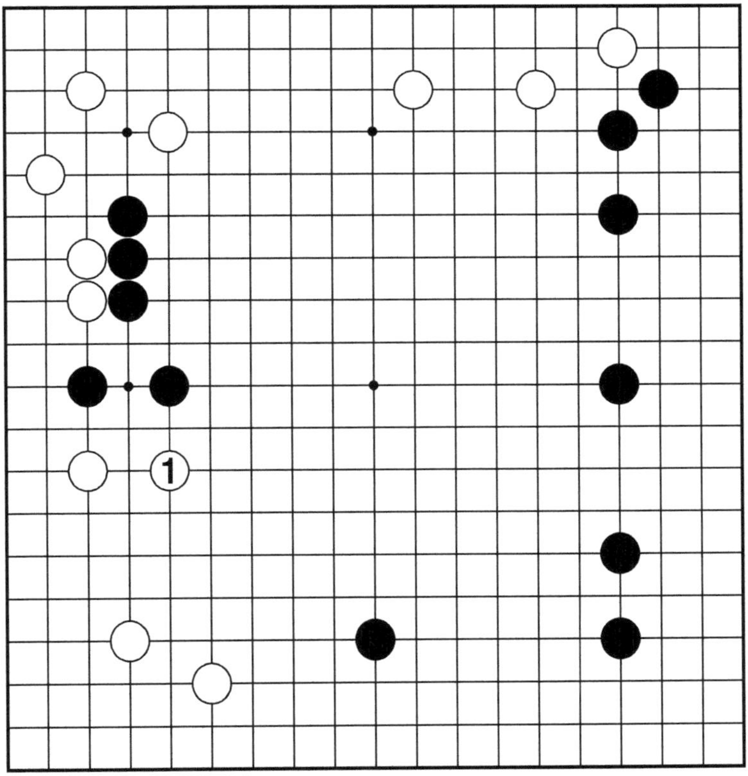

C'est une partie dans laquelle Noir essaye de développer un moyo fondé sur le san-ren-sei. Le coup prochain est très difficile. Même entre professionnels, il y a eu des opinions divergentes.

Faites travailler votre intuition, s'il vous plaît.

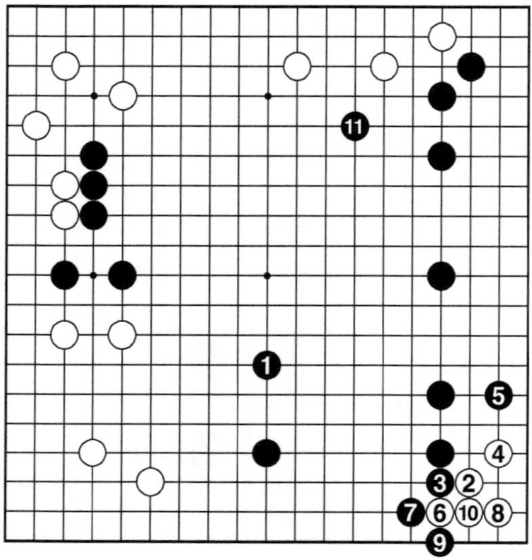

Sol. du problème 10

Solution (coup naturel)

Comme Noir se développe du bord est vers le centre, jouer en 1 est naturel ; je le crois.

Même si Blanc envahit le coin avec les coups de 2 à 10, Noir prend le sente et peut jouer en 11 ; il peut rêver du moyo central.

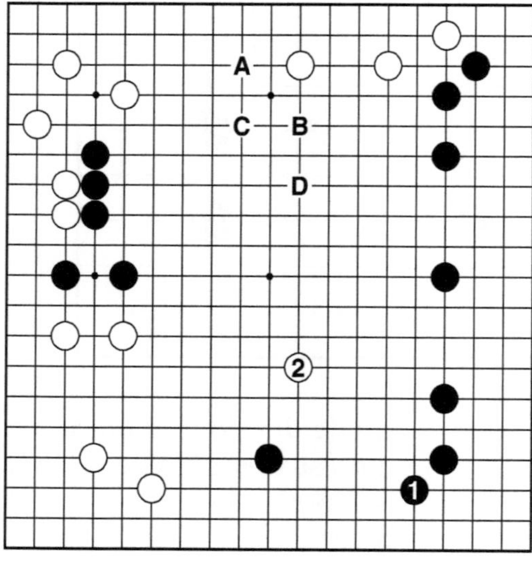

Diag. 1

Diagramme 1 (petit)

Noir 1 est un coup correct pour renforcer le coin. Mais Noir voit son moyo s'effacer par le coup blanc 2. L'intuition m'a fait abandonner cette idée.

Le pire choix, pour le coup 1, est l'invasion en A. Blanc jouerait en B, Noir C, Blanc D et Blanc entrerait dans le moyo. C'est un coup jaloux.

11e problème : L'UTILISATION DE L'INFLUENCE

À Noir de jouer.

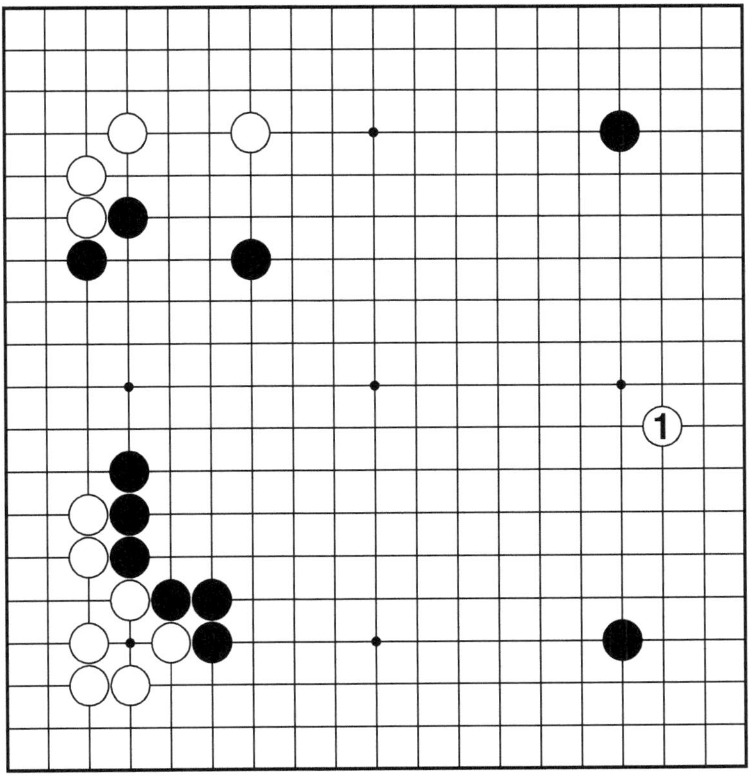

La clé de ce problème est l'influence de Noir à l'ouest. Comment doit-il jouer pour l'utiliser au maximum, face au wariuchi 1 ?
Faut-il attaquer par le nord ou par le sud ? Ou bien...

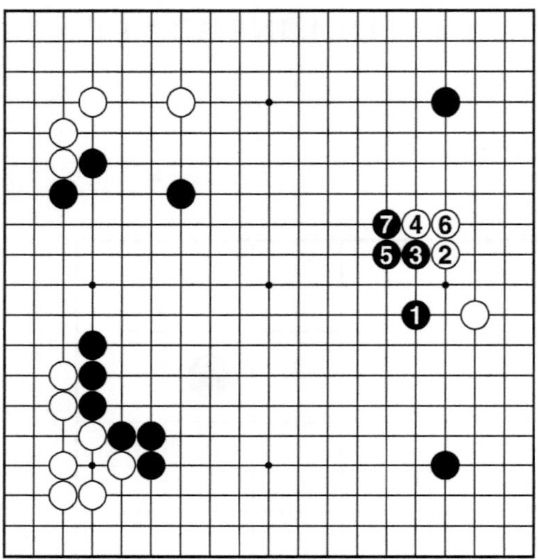

Sol. du problème 11

Solution (boshi)

Pour utiliser l'influence, le boshi 1 tombe pile. Si vous le sentez ainsi, jouez-le, sans vous occuper des livres qui disent que les fondements du fuseki ce sont les troisièmes et quatrièmes lignes.

Après la réponse blanche en 2 et la séquence de 3 à 7, le centre est brusquement devenu tout noir.

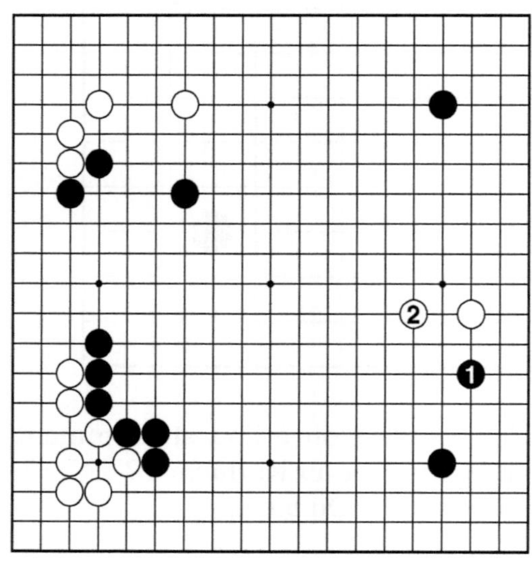

Diag. 1

Diagramme 1 (mauvais échange)

L'échange des coups 1 et 2 de ce diagramme est généralement bon ; mais dans cette position, il est mauvais car le tobi 2 efface le moyo central noir. Le sens commun n'est que le sens commun.

12e problème : LE COUP DU TENNÔZAN

À Blanc de jouer.

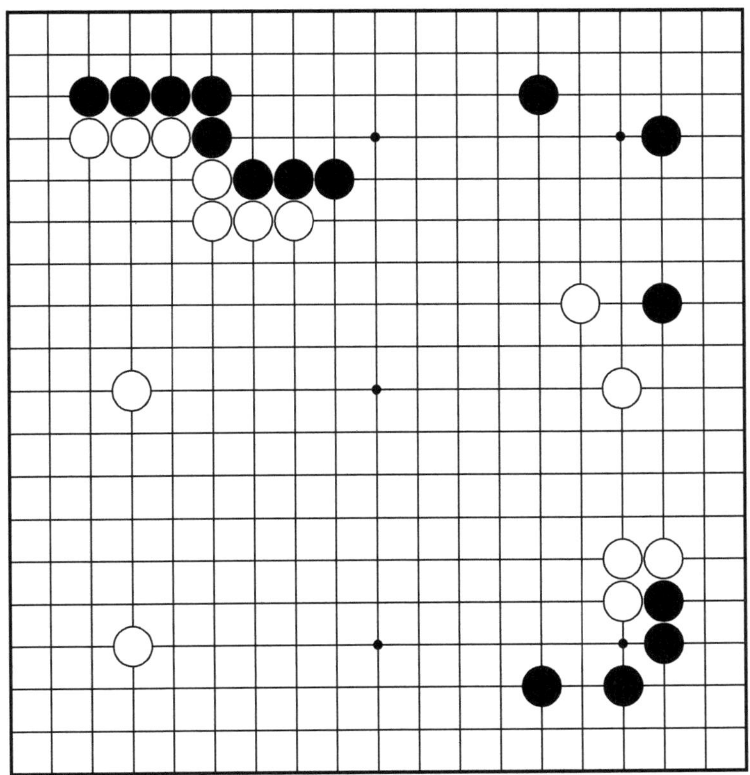

Ceci est exactement le problème du tennôzan. S'ils regardent le goban avec pureté, même des joueurs en kyu peuvent trouver le prochain coup.

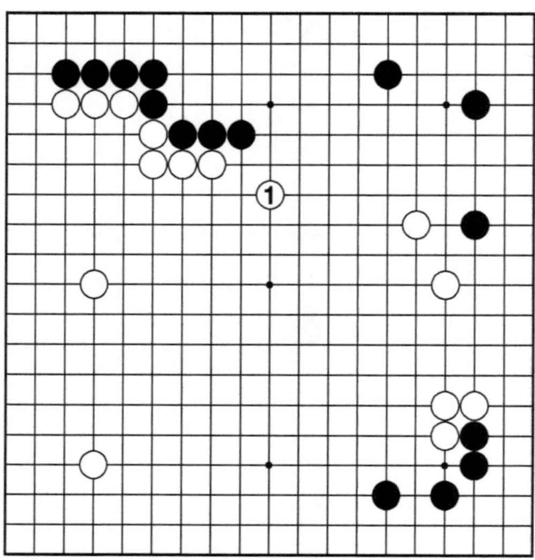

Sol. du problème 12

Solution
(double keima)

Le coup blanc 1 est un coup de tennôzan que l'on appelle « le double keima ».

En développant le moyo blanc, ce coup limite aussi le moyo noir. C'est vraiment « faire d'une pierre deux coups ».

Diag. 2

Diagramme 1
(trop local)

Le coup 1 de ce diagramme est un coup trop local qui ne regarde que vers le bord ouest. Le moyo blanc est limité au bord ouest par le bon coup 2 de Noir.

13e problème : LA STRATÉGIE DE L'INVASION

À Noir de jouer.

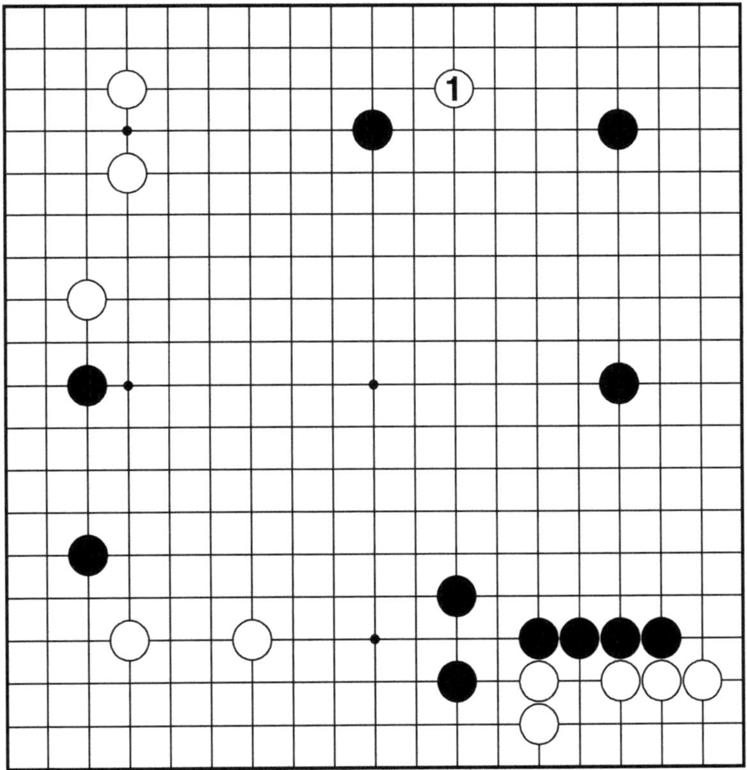

Blanc vient d'envahir en 1.

Attaquer cette pierre ou prendre de l'influence au centre, le bon choix est l'une de ces deux options. Trouvez le coup qui est adapté, ici, à la situation.

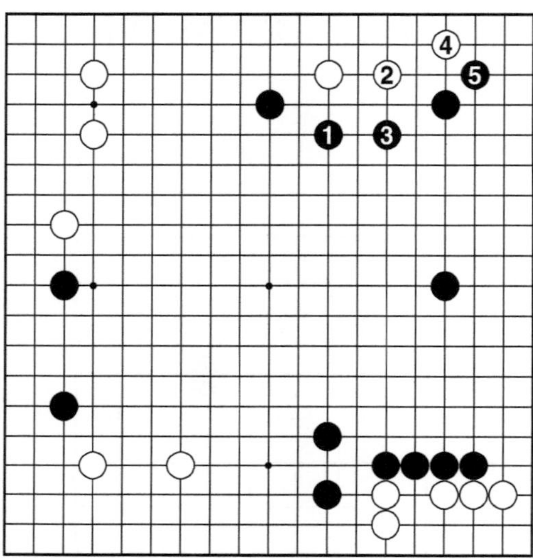

Sol. du problème 13

Solution
(le centre est gros)

En suivant son feeling, on est plutôt tenté de jouer le boshi. Blanc se stabilise avec les coups 2 et 4, mais Noir l'enferme avec les coups 1 et 3 ; et c'est la joie de l'apparition du moyo noir sur le côté est.

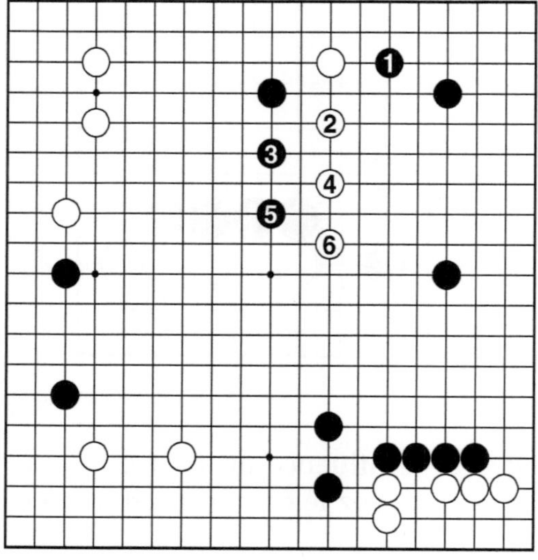

Diag. 1

Diagramme 1
(les tobi défavorables)

Noir 1 est un coup pour attaquer la pierre blanche. Mais les tobi de 2 à 6 sont défavorables pour Noir : Blanc détruit le moyo noir.

14e problème : JE VEUX JOUER CE COUP

À Blanc de jouer.

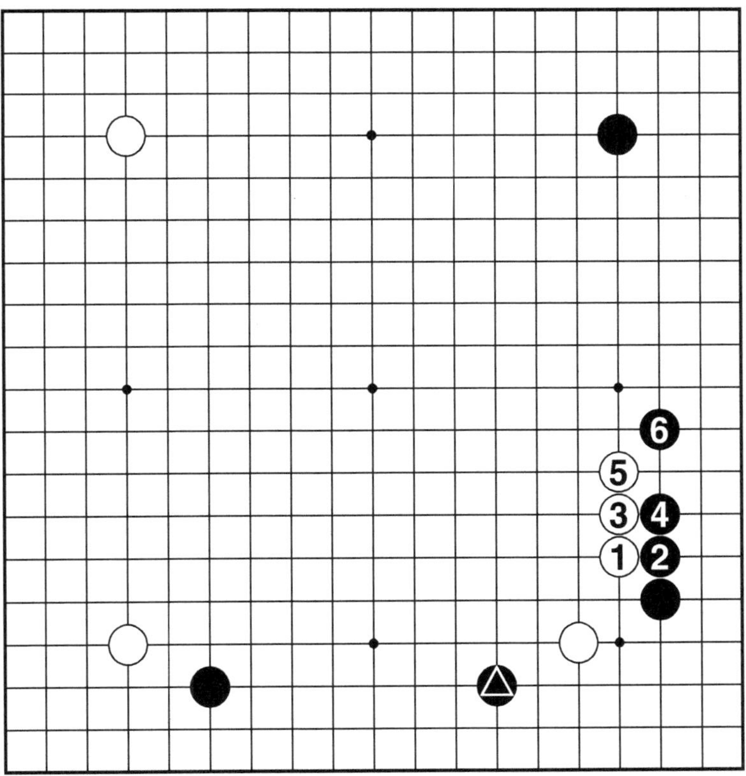

En réponse à la « pince » ▲ je joue le kake 1. Vous n'avez jamais vu ce genre de coup. Moi, je voulais jouer ce coup, mais à condition de pouvoir jouer le coup suivant...

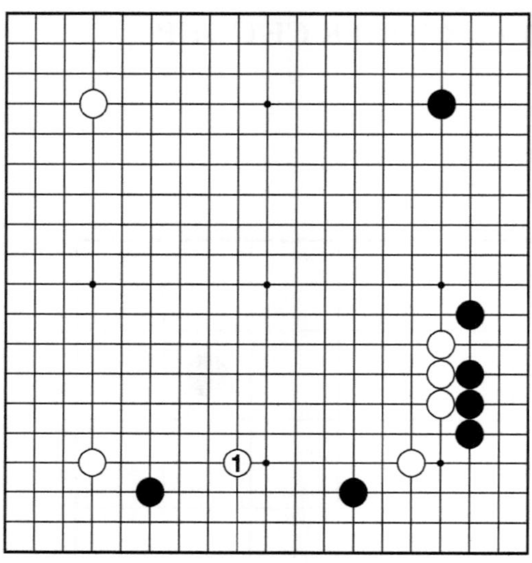

Sol. du problème 14

Solution (attaquer)

En compensation du territoire que Noir a gagné, Blanc n'a qu'à attaquer les deux pierres du bas. Maintenant, Blanc prend l'initiative. Si Blanc ne les laisse pas vivre facilement, il pourra sans doute prendre de l'avance.

Diag. 1

Diagramme 1 (trop tranquille)

Bien que je sois plutôt de tempérament tranquille, le coup 1 me paraît trop lent.

Après le coup 2, où Blanc peut-il récupérer le territoire pris par Noir ?

15e problème : L'ATTAQUE EN APPUI

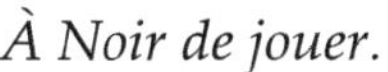

À Noir de jouer.

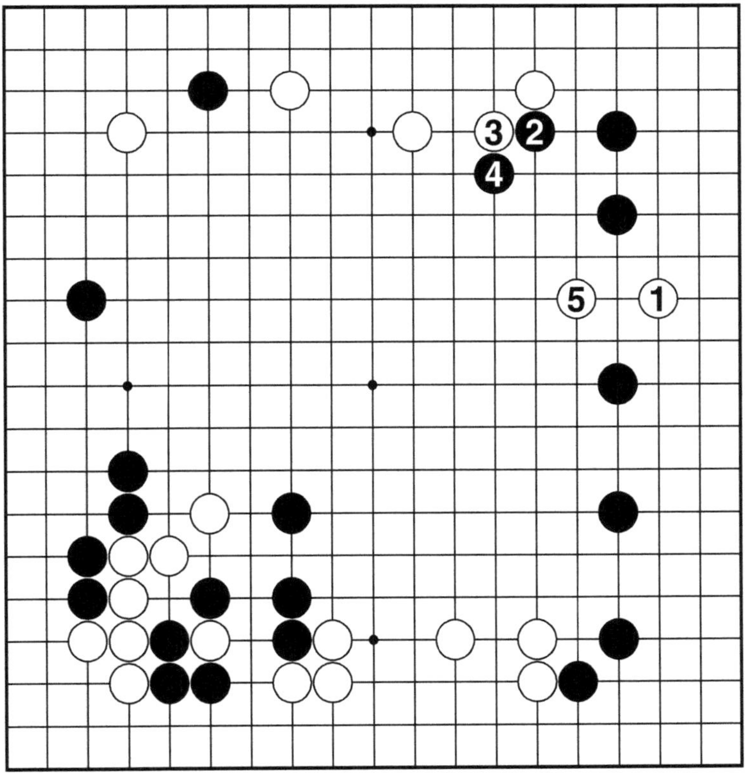

Après l'invasion 1, l'attaque en appui 2-4 est une technique courante. Réfléchissez au prochain coup, après le tobi 5. C'est un problème difficile.

Indication : c'est un coup qui prépare l'attaque.

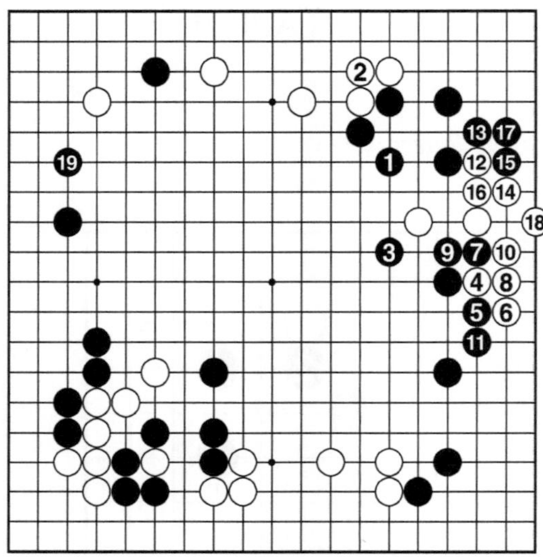

Sol. du problème 15

Solution (le kaketsugi dont je suis fier)

Le kaketsugi est un coup dont je suis vraiment fier. Après la connexion 2, le kake 3 réalise l'idée du coup 1.

Alors que Blanc vit péniblement sur le bord est, Noir prend le dernier gros point 19.

Noir est maintenant en avance.

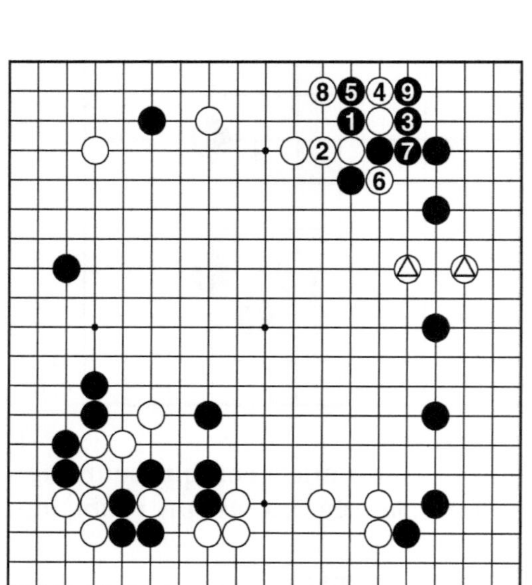

Diag. 1

Diagramme 1 (coup normal, mais...)

Prendre du territoire avec les coups 1 et 3 est tout à fait normal. La plupart des professionnels jouent d'ailleurs de cette manière. Mais je ne suis pas satisfait de laisser s'échapper les pierres △, même si je gagne un peu de territoire.

Je n'aime pas du tout le résultat de ce diagramme.

16e problème : CONTINUER SA PREMIÈRE IDÉE

À Noir de jouer.

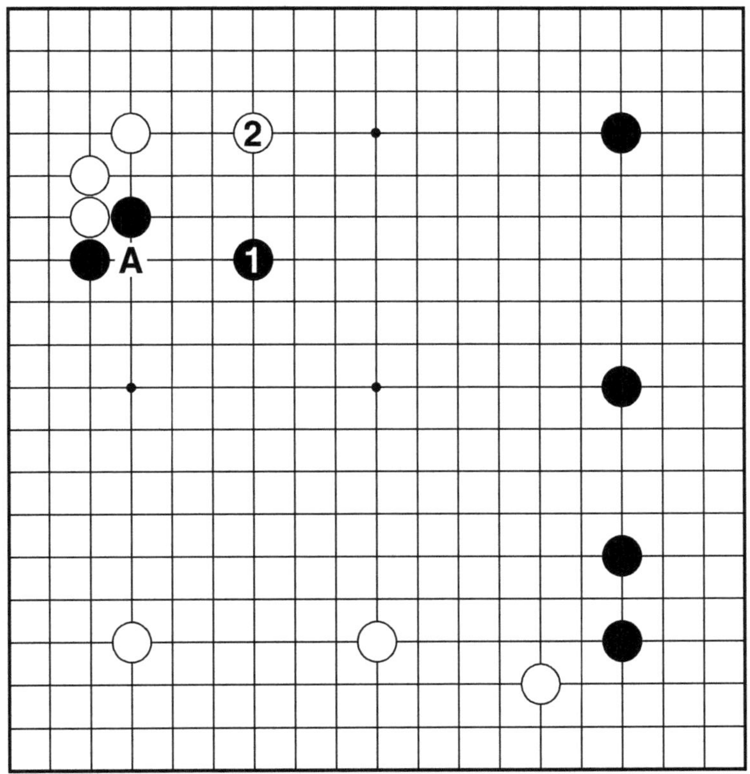

Pour aller au centre le plus vite possible, j'ai joué l'ogeima 1, au lieu de la connexion en A.

Pour continuer cette première idée, Comment jouer le prochain coup ?

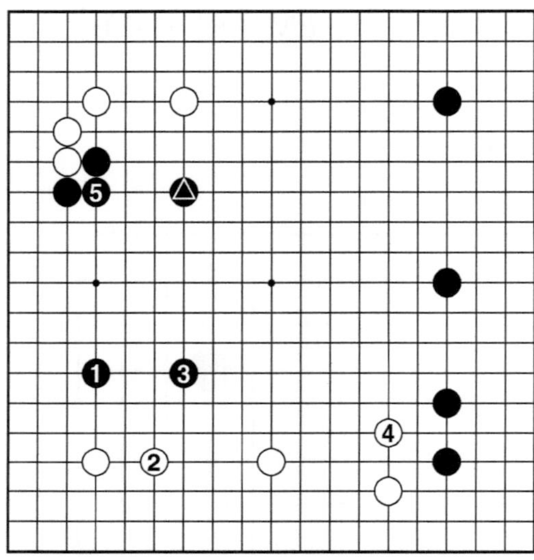

Sol. du problème 16

Solution (vers le centre)

J'ai fait le kakari 1, puis le tobi 3 vers le centre. Même maintenant, je ne sais pas si c'est la meilleure réponse. Mais ne trouvez-vous pas que ces coups correspondent au « feeling de la pierre ▲ » ?

Après le coup 5, un grand moyo est né, qui va du bord ouest jusqu'au centre. Bien sûr, je suis content.

Diag. 1

Diagramme 1 (incohérence)

Alors que le coup en ▲ ne cherche pas à faire du territoire, le fait de chercher du territoire avec les coups 1 et 3 est incohérent. En outre, les coups 4 et 6 deviennent très bons.

17e problème : LE « FEELING »

À Noir de jouer.

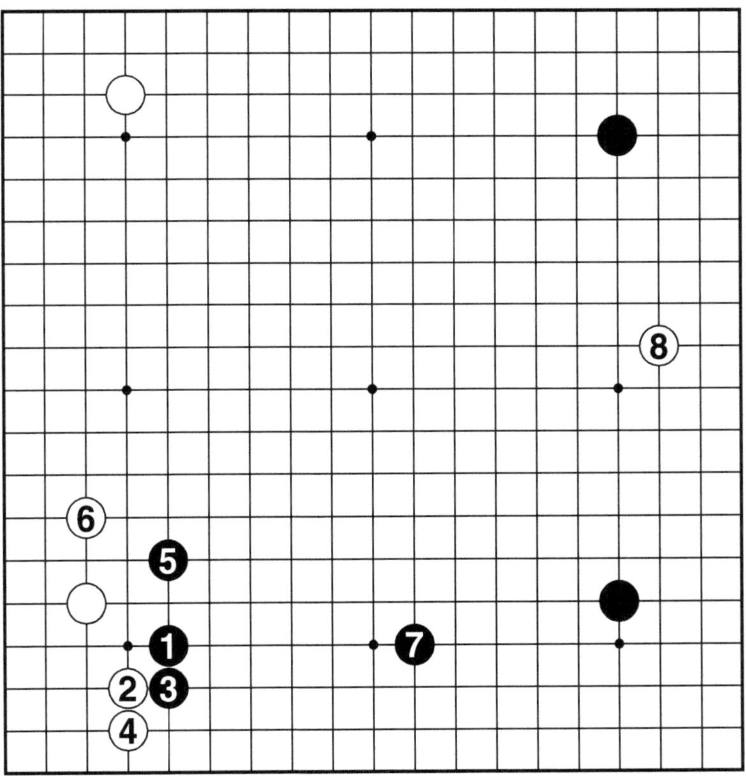

Il est visible que les coups de 1 à 7 sont joués dans le but de faire un moyo. Alors on peut penser que Noir ne peut pas se satisfaire d'un coup « normal » après le coup blanc 8.

C'est un problème de « feeling ».

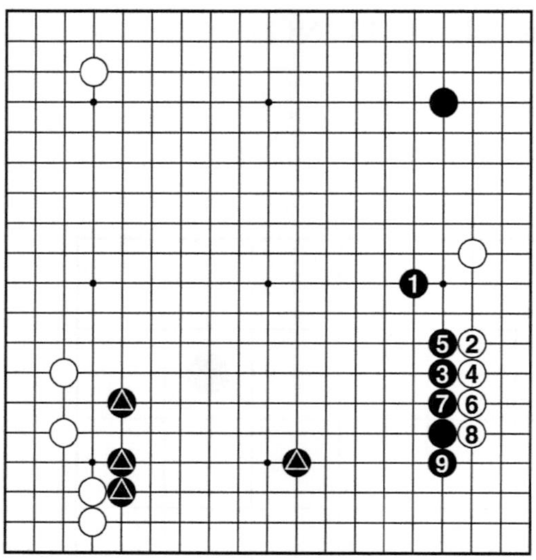

Sol. du problème 17

Solution
(5e ligne : la ligne de vie)

Le coup 1 sur la 5e ligne est la vie de cette partie.

Au niken-biraki 2, Noir répond par un coup d'influence, le kata-tsuki 3. À partir du moment où Noir joue de cette manière, les quatre pierres ▲ commencent à briller.

Diag. 1

Diagramme 1
(partie habituelle)

Après l'extension noire en 1, Blanc joue le tobi 2 au lieu du coup en A. C'est encore un coup sur la cinquième ligne (ligne de vie).

Après le shimari 3, on entre dans une partie habituelle. Mais ce n'est pas dans l'esprit du style cosmique de jouer une telle partie.

18e problème : LE COUP DONT JE SUIS FIER

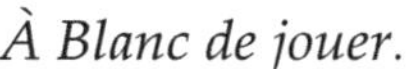

À Blanc de jouer.

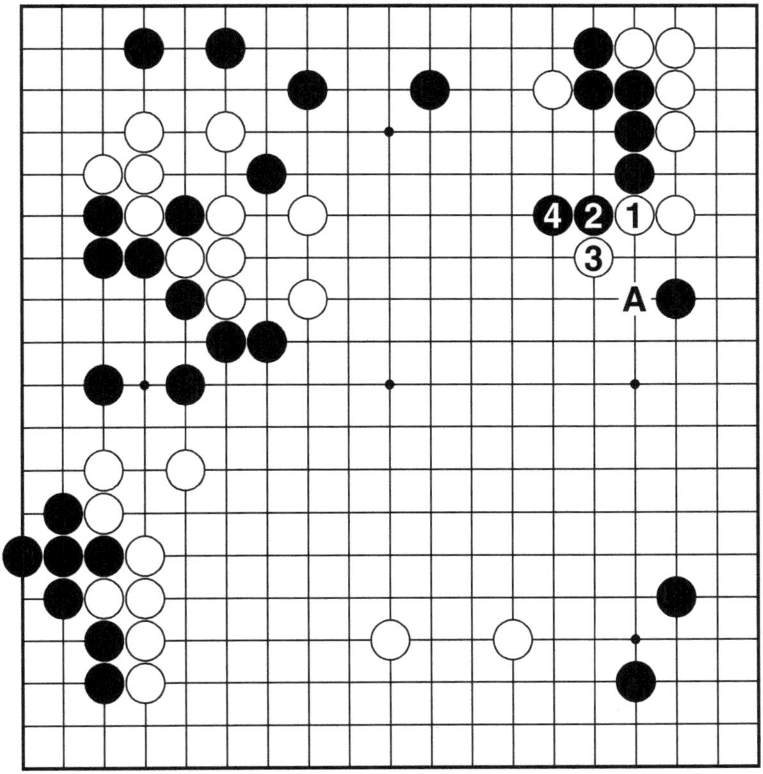

Voici enfin le dernier problème. La séquence des coups de 1 à 4 est très fréquente. Réfléchissez bien au prochain coup, s'il vous plaît.

Le coup normal en A n'est pas satisfaisant. Le prochain coup correct est un coup dont je suis fier.

Ce problème est très difficile ; même si vous ne le comprenez pas, ce n'est pas grave.

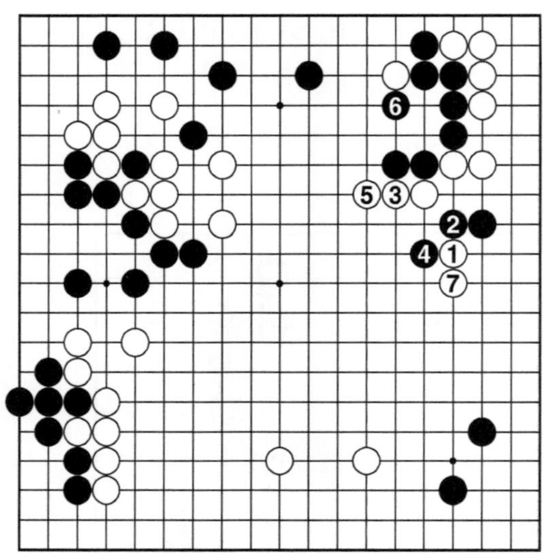

Sol. du problème 18

Solution (kake)

C'est le kake 1. Bien sûr, si Noir refuse de céder avec ses coups 2 et 4, Blanc joue les kikashi 3 et 5, puis le nobi 7. Je sentais que ce combat n'était pas favorable pour Noir.

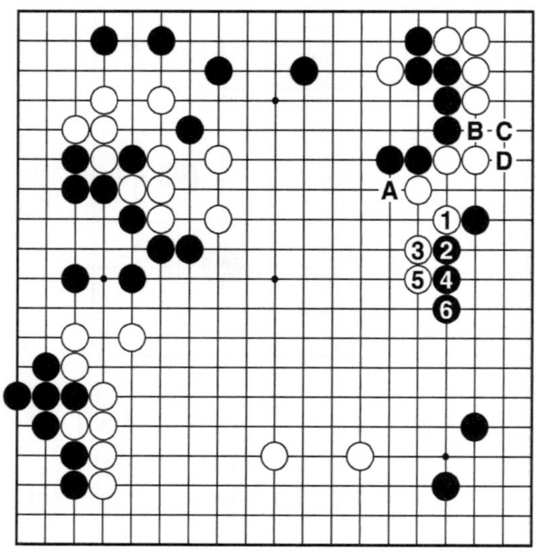

Diag. 1

Diagramme 1 (mécontent)

Les coups 1 à 5 sont normaux, mais les pierres 3 et 5 ne travaillent pas au centre. En plus, le magari en A est sente (à cause de la menace Noir B, Blanc C et Noir D).

Je suis très mécontent de ce résultat.

© 1995 Yasuo Tamura

TAKEMIYA MASAKI

Takemiya Masaki est né le premier janvier 1951, à Tokyo.

Enfant, il est un disciple de Tanaka Minaichi, 7e dan professionnel. En 1961, il devient disciple de Kitani Minoru, 9e dan professionnel. La même année, il accède au rang de 1er dan professionnel puis en 1977 à celui de 9e dan professionnel.

Avec Ishida Yoshio et Kato Masao, il est l'un des « trois mousquetaires » de l'école de Kitani. En 1968, à 17 ans, il gagne le 8e prix du tournoi « Pro Juketsu » et l'année suivante, le 5e prix de ce tournoi ; il est alors surnommé le « Juketsu boy ».

En 1976, il gagne le Honinbo, titre qu'il perd l'année suivante. Il le reconquiert en 1980 et le conserve de 1985 à 1988. Son palmarès comprend également deux coupes internationales Fujitsu, le Judan et de multiples autres titres.

Aujourd'hui, maître incontesté du san-ren-sei, sa réputation est immense dans tout l'univers du go. Son « style cosmique » qui recherche le rêve sur le goban et qui privilégie l'intuition est le plus populaire parmi les joueurs de go, y compris les débutants.

A NOIR DE JOUER
LE LIVRE D'EXERCICES DE GO

Cette série de livres accompagne le joueur de go depuis ses premiers pas jusqu'à l'obtention du titre de Shodan, le premier grade de maître. Le large éventail de problèmes couvrant tous les sujets fondamentaux présenté dans ces six livres permet de répondre aux besoins de tout joueur cherchant à progresser.

BOARD N'STONES